AF577826

Anthropologie und/als Erziehung

Tim Ingold

ANTHROPOLOGIE
UND/ALS ERZIEHUNG

Aus dem Englischen übersetzt
von Bettina Engels

Konstanz University Press

Die Originalausgabe erschien 2018 unter dem Titel *Anthropology and/as Education*. Authorised translation from the English language edition published by Routledge, a member of the Taylor & Francis Group.

Bibliografische Information der Deutschen Nationalbibliothek

Die Deutsche Nationalbibliothek verzeichnet diese Publikation in der Deutschen Nationalbibliografie; detaillierte bibliografische Daten sind im Internet über http://dnb.d-nb.de abrufbar.

www.k-up.de | www.wallstein-verlag.de
Konstanz University Press ist ein Imprint der Wallstein Verlag GmbH

Vom Verlag gesetzt aus der Chaparral Pro
Umschlaggestaltung: Eddy Decembrino
Druck und Verarbeitung: Hubert & Co, Göttingen
ISBN 978-3-8353-9147-5

Für die nächste Generation
Damit ihr neu anfangen könnt

Inhalt

Vorwort und Danksagung

Seit fünfzig Jahren studiere ich Anthropologie, seit vierzig Jahren lehre ich dieses Fach. Doch die Idee, dass sie nicht nur irgendein Gegenstand ist, der gelehrt und studiert wird, sondern ihrem Wesen nach pädagogischer Natur, kam mir erst vor rund zehn Jahren. Es begann damit, dass mir mehr und mehr bewusst wurde, wie viel ich der Arbeit mit Studierenden verdankte. Mir dämmerte allmählich, dass die Universität weit mehr war als ein Ort der Unterweisung, an dem man Studierende in den Reichtum dessen einführen konnte, was meine Kollegen gerne als »anthropologisches Wissen« bezeichnen. Diese Vorstellung geht nämlich davon aus, dass die Arbeit längst getan ist und in Gestalt eines Bergmassivs an Literatur vor uns liegt, bestehend aus den glänzenden Beiträgen berühmter Vorfahren, deren Namen wir auswendig lernen und deren Worte wir zitieren sollen. Heute erscheint es mir vielmehr so, dass die Universität ein Ort ist, an dem ein wesentlicher Teil der anthropologischen Arbeit verrichtet wird, ein Ort der kreativen Umgestaltung, der uns mit dem Denken unserer Vorgängerinnen in Kontakt bringt, damit wir unseren Weg jenseits dessen, was diese sich jemals hätten ausmalen können, fortsetzen. Je mehr ich allerdings vom pädagogischen Wert der Arbeit überzeugt war, die meine Mitstudierenden und ich gemeinsam leisteten, desto mehr schien diese Arbeit gegen die Regeln des Lehrens und Lernens zu verstoßen, die der für uns verbindliche institutionelle Kodex vorschrieb. Diesem Kodex zufolge war das Lehren die Auslieferung eines Inhalts, das Lernen dessen verinnerlichende Annahme. Bildung aber ist, wie ich fand, unbeschreiblich viel mehr als das. Meines Erachtens geht es dabei nicht um die Übermittlung von Wissen, sondern an erster Stelle um *die Führung eines*

Lebens. Das Schlüsselerlebnis lag für mich in der Einsicht, dass unsere universitäre Arbeit erst in dem Moment wirklich bildend oder erziehend wäre, wenn sie sich von den Fesseln des Lehrens und Lernens emanzipiert hätte.

Das vorliegende Buch ist das Ergebnis dieser Einsicht. Ich möchte zeigen, dass die anthropologische Forschung als Führung eines gemeinsamen Lebens mit anderen etwas durch und durch Bildendes oder Erzieherisches ist. Dafür reicht es nicht aus, die Schnittstelle der beiden Fachgebiete Anthropologie und Erziehungswissenschaft zu erkunden. Wir müssen uns über diesen Bereich hinauswagen, um deren weit grundsätzlichere Übereinstimmung aufzuzeigen. Was ich behaupte, ist, dass die Prinzipien der Anthropologie auch die der Pädagogik sind. Um diese Behauptung zu begründen, müssen wir uns die Prinzipien der beiden Gebiete allerdings noch einmal vor Augen führen.

In Bezug auf die Erziehungswissenschaft heißt das, die traditionelle Sichtweise der Pädagogik als einer intergenerationellen Übermittlung autorisierten Wissens über Bord zu werfen. Erziehung oder Bildung, so meine ich, ist kein »Eintrichtern«, sondern ein »Hinausführen«; sie eröffnet Wege der geistigen Entwicklung und Entdeckung, ohne starre Ziele vorzugeben oder bestimmte Ergebnisse vorzuschreiben. Dabei geht es eher darum, sich den Dingen zuzuwenden, als darum, sich ein Wissen anzueignen, das uns dieser Pflicht enthebt; eher darum, sich zu exponieren, als darum, sich zu immunisieren. Der Auftrag des Lehrenden ist es also nicht, zum Vorteil derer, von denen per definitionem angenommen wird, sie seien unwissend, Wissen auszubreiten, sondern, ihnen durch Inspiration, Anleitung und Kritik bei ihrer Suche nach der Wahrheit ein Vorbild zu sein. Im Hinblick auf die Anthropologie richtet sich mein Ansatz gegen die traditionelle Identifikation von Anthropologie und Ethnographie – bei der man davon ausgeht, dass die Arbeit der Anthropologinnen im Erforschen von fremden Völkern und deren Welten besteht. Was die

Anthropologie eher zu einer erzieherischen als zu einer ethnographischen Wissenschaft macht, ist meiner Ansicht nach der Umstand, dass wir eigentlich weniger die anderen *er*forschen, als dass wir *mit* ihnen forschen. Die Erziehung, die wir an ersterem Ort erfahren, verpflichtet uns, zu Erziehern an jenem zweiten zu werden. Auch wenn wir den einen Ort »das Feld« und den anderen im weiteren Sinne »die Lehranstalt« nennen könnten, so sind sie doch beide Orte des Lernens, und keiner könnte ohne den anderen auskommen. Aus diesem Grund müssen wir uns ein für alle Mal von dem Glauben verabschieden, dass das, was in der Universität unter der Überschrift »Lehren und Lernen« stattfindet, für ein anthropologisches Projekt, dessen vordringliches Ziel angeblich ethnographisch ist, nebensächlich wäre. So lange Anthropologie und Erziehung auf den entgegengesetzten Seiten eines – die Produktion von der Vermittlung des Wissens trennenden – Grabens verharren, werden sie sich in ihren Wirkungen auch weiter gegenseitig aufheben. Denn Erziehung zahlt der Gegenwart letztlich das zurück, was ihr die Ethnographie zuvor entzogen hat, abzüglich allerdings all der kreativen Möglichkeiten, die uns das Leben bietet. Wenn Anthropologie und Erziehung aber ihre Kräfte vereinen und sich auf ihren gemeinsamen Zweck besinnen, steht es in ihrer Macht, die Welt zu verändern.

Der unmittelbare Anstoß zum Schreiben dieses Buches kam aus heiterem Himmel, in Form einer Einladung: Man bat mich, im Februar 2016 am Centre de Recherches sur l'Éducation, les Apprentissages et la Didactique (CREAD) der Universität von Rennes die Dewey Lectures zu halten. Diese Einladung, die ich als eine große Ehre und Freude empfand, hätte zu keinem besseren Zeitpunkt kommen können als genau in dem Moment, da in mir allmählich die Idee der Anthropologie als einer Erziehungs- oder Bildungswissenschaft Gestalt annahm. Die Vorlesungen lieferten mir einen idealen Vorwand, um diesen Gedanken auszuarbeiten und ihn an einer wohlwollenden, wissbegierigen und trotzdem kritischen Zuhörerschaft zu testen. Angekündigt wurden vier Vorlesungen mit den folgenden Titeln: »Erziehung ist kein Transfer von Wissen«, »Erziehung und Aufmerksamkeit«, »Erziehung in Moll« und »Erziehung als Korrespondenz«. Wie üblich schnurrte die Zeit, die ich für die Vorbereitung der Vorlesungen eingeplant hatte, auf einen Bruchteil zusammen, und was ich schließlich präsentierte, beruhte auf ein paar eilig zusammengeschriebenen Notizen. Ohne Übertreibung muss ich gestehen, dass alles improvisiert war. Nachdem ich die Vorlesung allerdings gehalten hatte, brannte ich darauf, dieses Buch zu schreiben. Die Entbindung von anderen Aufgaben ermöglichte es mir im Sommer 2016, die Sache in Angriff zu nehmen. Bis Mitte August hatte ich die Hälfte geschafft. Dann aber wurde die Arbeit durch neuerliche Verpflichtungen unterbrochen, so dass ich sie erst kurz vor Weihnachten wieder aufgreifen konnte. Mitte Januar 2017 war eine Rohfassung des gesamten Buches erstellt. Ich nahm mir vor, nah am Vorlesungsformat zu bleiben: Jedes Kapitel entspricht folglich einer Vorlesung, und auch wenn sich die Titel (mit einer Ausnahme) verändert und die Inhalte bis zur Unkenntlichkeit fortentwickelt haben, stehen sie doch immer noch in der ursprünglichen Reihenfolge.

Ein roter Faden, der sich durch alle vier Kapitel zieht, ist die Erziehungsphilosophie John Deweys. Die Möglichkeit, eine Vorlesungsreihe in seinem Namen zu halten, war für mich nicht nur ein Privileg, sondern auch notwendiger Anreiz, um mir selbst einen lang gehegten Wunsch zu erfüllen: mich endlich eingehender mit dem umfangreichen Werk eines der einflussreichsten öffentlichen Intellektuellen des frühen zwanzigsten Jahrhunderts vertraut zu machen. Als ich Deweys Schriften studierte, war ich verblüfft, mit welcher Weitsicht, Prägnanz und Überzeugungskraft sich dort Prinzipien ausbuchstabiert finden, die heute noch genau so einleuchtend sind wie vor hundert Jahren. Es bleibt mir ein Rätsel, warum Dewey in anthropologischen Kreisen so weithin unbekannt oder unterschätzt ist; selbst in der Philosophie scheint er größtenteils vergessen zu sein. Wir wollen also das Rad der Wiederentdeckung in Schwung bringen und die Wege zurückverfolgen, die Dewey uns geebnet hat. Wie viele Mühen und Umwege wären uns erspart geblieben, wenn wir uns ihm gleich zu Beginn unserer Reise angeschlossen hätten! Mit diesem Buch möchte ich dem großen Philosophen und Pädagogen ganz persönlich Tribut zollen und ihn – und sei es auch postum – um Verzeihung bitten, dass ich sein Œuvre erst so spät entdeckt habe.

Auch wenn die Dewey Lectures also der Impulsgeber für dieses Buch waren, stammen die Gedanken, die ich darin entwickele, doch im Wesentlichen aus zwei anderen Quellen. Die erste Quelle ist ein vom Europäischen Forschungsrat finanziertes fünfjähriges Projekt mit dem Titel *Knowing from the Inside: Anthropology, Art, Architecture and Design* (etwa: *Inwendiges Wissen: Anthropologie, Kunst, Architektur und Design*) oder, in Abkürzung des englischen Titels, KFI. Ein wesentliches Anliegen des Projekts war es, das Verhältnis zwischen Forschungspraktiken und dem aus ihnen erwachsenden Wissen neu zu bestimmen. Zu diesem Zweck wurde eine Reihe von Verfahren entwickelt und erprobt, durch die sich Wissen aus dem unmittelbaren, praktischen und beobachtenden Umgang mit den uns umgebenden Menschen und Dingen generieren lässt. Nach unserer Überzeugung ist diese Art von Wissen – *mit* Dingen und Menschen zu forschen statt *über* sie – das, was die Anthropologie mit künstlerischer Praxis, Architektur und Design verbindet. Durch die Zusammenführung der genannten vier Disziplinen haben wir einerseits versucht, diesen allgemeinen wissenschaftstheoretischen Ansatz konkret auf bestimmte Praxisfelder anzuwenden; andererseits wollten wir einen Beitrag zur Pädagogik und zum Entwurf einer nachhaltigen Lebensform leisten, indem wir einen besonderen Akzent auf die Fähigkeiten zu kreativer Improvisation und scharfer Wahrnehmung der in diesen Bereichen tätigen Menschen legten. Der wichtigste Ertrag dieses seit 2013 laufenden Projekts war möglicherweise herauszuarbeiten, welche Konsequenzen unser Ansatz für Theorie und Praxis der Erziehung hat. Es brachte uns auch dazu, vor dem Hintergrund von bildender Kunst, Architektur und Design eine Anthropologie zu entwerfen, die weniger ethnographisch als vielmehr experimentell und spekulativ ist. In der schönen Umgebung von Comrie, Perthshire, stellten wir diesen Ansatz im Mai 2016 – im Rahmen eines aus Diskussionen, Vorträgen und Experimenten bestehenden ganzwöchigen Programms – auf die Probe. Wir nannten es *KFI Kitchen*, frei übersetzt: die *Küche des inwendigen Wissens*. Viele Ideen, die damals in der KFI-Küche hochkochten, haben Eingang in das vorliegende Buch gefunden.

Die zweite Quelle, aus der die Ideen zu diesem Buch stammen, ist eine ganz andere. Im Oktober 2015 startete ich – unter dem Motto einer »Rückeroberung unserer Universität« – eine Kampagne zur Wiederbelebung der Institution, in der ich arbeite, der Universität von Aberdeen, als einer echten Gemeinschaft von Lernenden und Gelehrten. Zur damaligen Zeit hatte man das Gefühl, dass das, was eine der größten Stärken unserer Universität gewesen war, nämlich ihr Gemeinschaftssinn, von einem Verwaltungsapparat bedroht war, der die Tendenz zu haben schien, demokratische Verantwortlichkeit ökonomischen Interessen unterzuordnen. Alle, die irgendwie in dieser Institution arbeiteten, sollten dazu gebracht werden, darüber zu diskutieren, welche Art von Universität sie haben wollten, wie diese geführt werden sollte und auf welchem Wege das erreicht werden könnte. Zu diesem Zweck organisierten wir eine Reihe von offenen Seminaren, an denen Mitarbeiterinnen und Mitarbeiter der Universität und Studierende aller Jahrgänge gleichermaßen zahlreich teilnahmen. Am Ende dieser Seminare wurde ein »Vier Säulen«-Modell formuliert: Eine Universität der Zukunft sollte auf *Freiheit, Vertrauen, Bildung* und *Gemeinschaft* basieren. Uns wurde bald klar, dass es nicht damit getan war, an diese Schlüsselbegriffe zu appellieren, als seien sie selbsterklärend. Um eine überzeugendere Vision zu entwickeln, mussten wir uns – als Kollektiv – sehr viel eingehender Gedanken darüber machen, was diese Begriffe eigentlich für uns bedeuteten. Schließlich wird zum Beispiel der Begriff der »akademischen Freiheit« immer wieder hemmungslos zweckentfremdet und dazu missbraucht, einer Forschungselite ihre exklusiven Vorrechte zu sichern. Welche Art von Freiheit, so mussten wir uns fragen, wollten wir eigentlich für unsere Universität? Was genau verstehen wir unter Bildung, wenn wir von »höherer Bildung« oder von der Einheit von Forschung und Lehre sprechen? Und wie entsteht eigentlich aus dem Gewirr oftmals dissonanter Stimmen und uneiniger Fachbereiche, die eine Universität ausmachen, letztlich eine »Gemeinschaft«? Die Diskussionen waren leidenschaftlich und konstruktiv und führten – mindestens bei mir – zu einem Umdenken. Wir hatten schon beschlossen, die Ergebnisse in einem Manifest zu bündeln, und im Laufe des Sommers 2016 rang ich um die Niederschrift seiner einzelnen Abschnitte. Am 25. November 2016 verlasen wir unser Manifest vor hochsymbolischer Kulisse: in der King's College Chapel unserer Universität. Vieles von dem, was dort zu Protokoll gegeben wurde, hat Eingang in die folgenden Seiten gefunden.

Beim Schreiben des vorliegenden Buches haben mir viele Menschen geholfen. An erster Stelle möchte ich Gérard Sensevy danken, der mich eingeladen hat, die Dewey Lectures in Rennes zu halten, sowie seinen Kolleginnen und Studenten für ihre Antworten und Anregungen. Ohne ihre treibende Kraft wäre dieses Buch nie entstanden. Auch all denen, die zu irgendeinem Zeitpunkt Teil des KFI-Projekts waren, schulde ich den größten Dank. Es sind zu viele Namen, und ich sehe keine Möglichkeit, einzelne Personen hervorzuheben und andere auszulassen. Deshalb möchte ich Ihnen und euch an dieser Stelle allen danken: Jeder weiß, wer gemeint ist! Zudem bin ich dem Europäischen

Wissenschaftsrat überaus dankbar für die finanzielle Unterstützung in Form eines Forschungsstipendiums (323677 – KFI). Hier in Aberdeen gilt mein besonderer Dank allen Mitstreiterinnen und Mitstreitern, die sich an unserer Kampagne zur Restituierung der Universität an ihre rechtmäßige Gemeinschaft beteiligt haben. Auch wenn ich Sie und euch nicht durch namentliche Nennung in peinliche Situationen bringen möchte, wisst auch ihr, wer gemeint ist, und ich danke Ihnen und euch allen. Dennoch möchte ich drei Wissenschaftler/innen nennen, deren Gegenwart und Publikationen einen großen Einfluss auf mein Denken und auf diese Arbeit gehabt haben. Mein Dank gilt Jan Masschelein, Gert Biesta und Erin Manning für ihre Inspiration. Das Buch widme ich den kommenden Generationen, auch denen meiner eigenen Familie, deren jüngster Spross – Leo Arthur Raphaely-Ingold – gerade auf die Welt kam, als ich es schrieb. Sie sind unsere Zukunft, ihnen wünsche ich alles Gute.

Tim Ingold
Aberdeen, Februar 2017

Gegen Übermittlung

Raus aus der Schule

Für diejenigen von uns, die in den sogenannten westlichen oder modernen Gesellschaften aufgewachsen sind, lösen die Wörter »Bildung« und »Erziehung« (*education*) Erinnerungen an die eigene Schulzeit aus. Wir gingen zur Schule, um etwas beigebracht zu bekommen: Wir lernten Lesen und Schreiben, Zählen und Rechnen und konnten uns dank dieser Techniken mit allen Wissensgebieten – von den Naturwissenschaften bis zu Kunst und Literatur – vertraut machen, die zum Erbe unserer Kultur gehören. In Bezug auf unsere Kinder ist uns möglicherweise bewusst, dass ihre Bildung oder Erziehung sogar noch vor der Schule beginnt, in jenen vorschulischen Einrichtungen, die wir üblicherweise als Krabbelstuben oder Krippen, als Kindergärten oder Kinderläden bezeichnen und in denen die Saat künftigen Lernens ausgebracht wird. Und vielleicht sind wir selbst nach unserem Schulabschluss in den Genuss von weiterer Bildung gekommen, weil wir eine der Institutionen besucht haben, die uns in Abhängigkeit ihres akademischen Status auf dem Weg zur Zivilisation »weiter voran« bringen oder »höher« klettern lassen – ein College, eine Universität, eine Fachhochschule oder wie sie alle heißen. Doch nach traditionellem Verständnis bleibt die Schule der wichtigste aller Bildungsorte; gemessen an ihr gelten die vorschulischen Bildungseinrichtungen als Vorbereitung und die nachschulischen Lehranstalten als krönender Abschluss. In einer demokratisch verfassten Gesellschaft liegt es natürlich in der Verantwortung des Staates, seinen Bürgerinnen und Bürgern angemessene Bildungschancen zu garantieren, und den staatlichen Kultusministerien obliegt vor allem die Beaufsichtigung des Schulwesens, also die Festsetzung der Lehrpläne und der pädagogischen Regularien zu ihrer Umsetzung.

Die pädagogische Praxis und die Institution Schule sind also, allem Anschein nach, unzertrennlich. Man bekommt sie nur im Doppelpack. Was sollten wir von einer Gesellschaft ohne Schulen halten oder von einer Gesellschaft, in der nur eine Minderheit das Vorrecht hat, in die Schule zu gehen? Ist es in Ordnung, Menschen, die keine Schule besucht haben, als ungebildet, mithin unzivilisiert zu bezeichnen? Diese Menschen wissen eine ganze Menge Dinge, die wir »Gebildeten« nicht wissen. Anthropologen haben keine Mühen gescheut, um dieses Wissen zu dokumentieren, seinen Reichtum, seine Differenziertheit und Präzision herauszustellen und die Prozesse aufzuzeigen, durch die es angeeignet wird. Sie haben aus gutem Grund die Aufteilung der Völker dieser Erde in gebildete und ungebildete, zivilisierte und primitive verurteilt. Diese Unterteilung, so sagen sie, sei lediglich Ausdruck eines ethnozentrischen Vorurteils. Wissen unterscheide sich von Kultur zu Kultur, ebenso wie die Institutionen, die seine Vermittlung von einer Generation an die nächste fördern. Die Schule ist eine dieser Institutionen, doch es gibt noch viele andere. Ist Bildung oder Erziehung folglich etwas, was jedem in Gesellschaft lebenden Menschen im Laufe seines Reifungsprozesses widerfährt? Könnte man sie neben jene Vermögen wie beispielsweise Sprache und symbolisches Denken stellen, die oft als Distinktionsmerkmale des Menschseins gelten? Alle Tiere lernen sicherlich in dem Sinne, dass sie ihre Verhaltensweisen an die herrschenden Umweltbedingungen anpassen. Und doch ist es etwas ganz Anderes, im Vorgriff auf aktuell nicht gegebene Umstände virtuelle Szenarien zu entwerfen, denen man in Zukunft irgendwann einmal begegnen könnte, um den noch Unerfahrenen beizubringen, wie sie mit ihnen umzugehen haben. Gezielte Unterweisungen dieser Art – oder was allgemeinhin als Pädagogik bekannt ist – sind vielleicht wirklich den Menschen vorbehalten.[1]

Pädagogik ist die Kunst des Lehrens. Auf ganz unterschiedliche Art und Weise lässt sich zwischen Lehren und Lernen unterscheiden bzw. zeigen, wie das eine über das andere hinausgeht, je nachdem, ob der Lernende einfach nur aus der Beobachtung des Handelns anderer Gewohnheiten entwickelt oder ob sie ihm absichtlich demonstriert werden oder ob die Demonstration nach Regeln und Prinzipien abläuft, die von Anwendungsbedingungen abstrahieren. Lernen, wie man in Gegenwart eines Werkzeugmeisters ein Steinwerkzeug herstellt, ist ein Beispiel für Ersteres; lernen, wie man mit Hilfe einer Sternenkarte navigieren kann, ein Beispiel für Letzteres.[2] Diese Unterscheidungen,

1 David Premack/Ann James Premack (»Why animals have neither culture nor history«, in: Tim Ingold (Hrsg.), *Companion Encyclopedia of Anthropology: Humanity, Culture and Social Life*, London 1994, S. 350–365) argumentieren sehr überzeugend, dass man Pädagogik im strengen Sinne dem Menschen vorbehalten sollte. Die Sache bleibt aber umstritten, da einige Autoren behaupten, bei Schimpansen regelrechten Unterricht beobachtet zu haben (Cristophe Boesch, »Teaching among wild chimpanzees«, in: *Animal Behavior* 41 [1991]), S. 530–532), und wieder andere diese Praxis für noch weiter im Tierreich verbreitet halten (Tim M. Caro/Marc D. Hauser, »Is there teaching in nonhuman animals?«, in: *The Quarterly Review of Biology* 67, 2 [1992], S. 151–174). Manches hängt in diesem Zusammenhang von genaueren Definitionen ab, etwa von der Unterscheidung zwischen Emulation, Imitation und Unterricht oder Lehre im eigentlichen Sinne. Christophe Boesch/Michael Tomasello, »Chimpanzee and human cultures«, in: *Current Anthropology* 39, 5 (1998), S. 591–614; Christophe Boesch, »Is culture a golden barrier between human and chimpanzee?«, in: *Evolutionary Anthropology* 12 (2003), S. 82–91. Eine Einschätzung jüngeren Datums findet sich bei Peter Gärdenfors/Anders Högberg, »The archaeology of teaching and the evolution of *Homo docens*«, in: *Current Anthropology* 58, 2 (2017), S. 188–208.

2 Über das Lernen, wie man Steinwerkzeuge herstellt, siehe Dietrich Stout, »The social and cultural context of stone-knapping skill acquisition«, in: Valentine Roux/Blandine Bril (Hrsg.), *Stone Knapping: The Necessary Conditions for a Uniquely Hominin Behaviour*, Cambridge 2005, S. 331–340; über das Lernen, wie man nach einer Sternenkarte navigiert, vgl. David Lewis, *We, the Navigators: The Ancient Art of Landfinding in the*

die für Studierende der vergleichenden menschlichen und nichtmenschlichen Verhaltensforschung große Bedeutung haben, sind für mich im Augenblick nicht unmittelbar von Interesse. Was mich interessiert, ist die praktisch all diesen Diskussionen zugrunde liegende Annahme, dass es bei Bildung oder Erziehung im allgemeinsten Sinne um die *Übermittlung von Informationen*[3] geht. Diejenigen, die der Ansicht sind, dass Bildung oder Erziehung in Schulen stattfindet, betrachten Schulen als einen abgeschiedenen Ort, an dem Wissen übermittelt wird, bevor es von Schülern angewendet, das heißt, in die Welt jenseits der Schule hinausgetragen wird. Dieselbe Logik veranschlagen diejenigen, die der Ansicht sind, Bildung oder Erziehung sei eine vom Schulbesuch unabhängige universelle pädagogische Praxis der Menschheit. Die Schule ist vielleicht nicht die einzige Institution mit pädagogischer Zielsetzung, andere institutionelle Praktiken pädagogischer Art, vom Geschichtenerzählen (*storytelling*) bis zu Initiationsriten, lassen sich aber – mindestens theoretisch – nach ihrem Vorbild begreifen, und ihnen lässt sich eine gleichwertige Funktion zuschreiben. Man kann also sagen, dass sie in »schulförmiger« Weise operieren, um das Erbe aus Gewohnheit, Moralität und Überzeugungen, das sich zu dem verbindet, was wir eine »Kultur« nennen, der jeweils nachfolgenden Generation so zu übermitteln, dass es in der täglichen Lebenspraxis Anwendung und Ausdruck findet.

In diesem Kapitel wende ich mich gegen die Idee der Übermittlung, weil sie meines Erachtens nicht dem ent-

Pacific, Canberra 1975, und David Turnbull, *Mapping the World in the Mind: An Investigation of the Unwritten Knowledge of the Micronesian Navigators*, Geelong 1991.

3 Vgl. beispielsweise die Aufsätze in Maurice Bloch, *Essays in Cultural Transmission*, Oxford 2005. Eine Kritik daran habe ich formuliert in: Tim Ingold, »From the transmission of representations to the education of attention«, in: Harvey Whitehouse (Hrsg.), *The Debated Mind: Evolutionary Psychology versus Ethnography*, Oxford 2001, S. 113–153.

spricht, wie Menschen normalerweise ihr Wissen erwerben, sondern Zweck und Bedeutung jeder pädagogischen Praxis in Wirklichkeit stark verzerrt. Auf dieser Basis möchte ich im nächsten Kapitel zeigen, dass es bei Bildung oder Erziehung darum geht, sich den Dingen und der Welt zuzuwenden. Kurz gesagt versuche ich zu beweisen, dass Bildung/Erziehung eine Praxis der Aufmerksamkeit, nicht der Übermittlung ist – dass Wissen sowohl durch Aufmerksamkeit generiert als auch durch sie weitergegeben wird. Mein Plädoyer gegen die Idee der Übermittlung beginne ich mit den Schriften des Pragmatisten und Philosophen John Dewey, der zu Recht als der herausragende Bildungstheoretiker des frühen 20. Jahrhunderts gilt und dessen Buch *Demokratie und Erziehung* im englischen Original vor etwas mehr als einhundert Jahren erschienen ist.[4]

Der Fortbestand des Lebens

Wem wäre es wohl in den Sinn gekommen, einen Traktat über Erziehung mit dem folgenden Satz einzuleiten: »Der wichtigste Unterschied zwischen lebenden und unbelebten Wesen liegt darin, daß sich die ersten durch beständige Erneuerung erhalten«?[5] Deweys Ausgangspunkt ist weder die Schule noch das Volk noch gar die Menschheit. Statt von einer Idee der Erziehung als Beschulung auszugehen und sie dann auf weitere Bereiche der menschlichen und sogar nichtmenschlichen Kultur auszudehnen, schlägt Dewey mehr oder weniger den umgekehrten Weg ein. Um zu verstehen, worum es bei Erziehung geht, so sagt er, müssen wir uns zuallererst mit der Natur des Lebens auseinandersetzen. Wir müssen verstehen, wie sich Pflanzen und Tiere

4 John Dewey, *Demokratie und Erziehung. Eine Einleitung in die philosophische Pädagogik*, Weinheim/Basel 2000 [1916].
5 Ebd., S. 15.

von Steinen unterscheiden. Der von den Elementen geschundene Stein nutzt sich ab oder zerbricht gar. Im Gegensatz dazu nehmen lebendige Dinge die Energien und Substanzen der Elemente – Licht, Feuchtigkeit und Erde – auf und wandeln sie in eine Kraft für ihr eigenes Wachsen, ihre eigene Erneuerung um. Das können sie nicht ewig aufrechterhalten, und sie können es auch nicht allein. Jedes Leben hat die Aufgabe, andere Leben zur Welt zu bringen und so lange zu erhalten, wie diese brauchen, um ihrerseits weitere Leben zu erzeugen. Die Fortdauer des Lebensprozesses ist mithin keine individuelle, sondern eine soziale Angelegenheit. Und Erziehung im weitesten Sinne ist Dewey zufolge »das Werkzeug dieser sozialen Fortdauer des Lebens«.[6] Wo immer und wann immer Leben stattfindet, findet auch Erziehung statt. Sie tut es, im etwas engeren Sinne, in Bereichen des *menschlichen* Lebens, insbesondere in der *Schule*.

Doch die Schule, die nun keineswegs das Gebot der Erziehung in seiner reinsten Form verwirklicht, ist nur eines von vielen Werkzeugen zur Absicherung des sozialen Fortbestands, und zwar ein recht oberflächliches, insofern sie den verzerrenden Effekten ausgesetzt ist, die sich einer Abtrennung des informationellen Gehalts des Wissens von der Lebenserfahrung verdanken, durch die und durch die allein es überhaupt irgendeine Form von Bedeutung annehmen kann. In der Tat wird Erziehung in dem von Dewey gemeinten Sinne mit größerer Wahrscheinlichkeit außerhalb als innerhalb der Schulmauern stattfinden. Entscheidend für Erziehung ist aus Deweys Sicht nicht die durch so spezialisierte kognitive Instrumente wie Sprache und symbolische Repräsentation vermittelte formale Pädagogik, sondern *Übermittlung (transmission)* und *Kommunikation (communication)*. Dabei handelt es sich nicht nur um instrumentelle Voraussetzungen dafür, dass das soziale Leben weitergeht; nein, sie gehören zum Wesen des sozialen Lebens selbst.

6 Ebd., S. 16 f.

»Übermittlung und Kommunikation sind nicht nur *Mittel* für den Fortbestand der Gesellschaft«, schreibt Dewey, »sondern man kann sie geradezu als das *Wesen* der Gesellschaft bezeichnen«.[7] Auf den ersten Blick scheint seine Aussage das zu konterkarieren, was ich in diesem Kapitel zu tun beabsichtige, nämlich gerade gegen die Vorstellung von Erziehung als einem Prozess der Übermittlung und folglich der Kommunikation Einspruch zu erheben. Ich möchte ja zeigen, dass Übermittlung das Ende aller Erziehung ist und dass sie das gesellschaftliche Leben seines vitalen Zentrums beraubt. Wie um alles in der Welt kann ich Dewey dann hier als Gewährsmann anführen? Zur Beantwortung dieser Frage müssen wir einen näheren Blick auf die Bedeutung der beiden Schlüsselwörter Kommunikation und Übermittlung werfen. Denn der Sinn, in dem Dewey sie gebraucht, ist nicht im Geringsten der so stark von den Revolutionen der Informations- und Kommunikationstheorie, die die zweite Hälfte des 20. Jahrhunderts beherrscht haben, geprägte, heute übliche.

Fangen wir mit dem Begriff »Kommunikation« an. Die meisten von uns denken dabei an die Vermittlung von Informationen, an das Versenden von Nachrichten. Ich habe Ihnen etwas mitzuteilen: Also codiere ich die Mitteilung in irgendeiner physischen Form, in der ich sie Ihnen so unverzerrt wie möglich übermitteln kann. Sie empfangen das Paket und decodieren die Inhalte. Idealerweise sollten Sie am Ende über genau dieselben Informationen verfügen, von denen ich ursprünglich ausging; daraufhin können Sie etwas zurücksenden. Die Kommunikation können wir

7 Ebd., S. 19; Hervorhebung im Original. Wo es sich nicht um terminologisch eingeführte und durchgehaltene Begriffe handelt, wie etwa im Fall der »Erziehung«, wurde die alte Dewey-Übersetzung an einigen gekennzeichneten Stellen im Sinne der Argumentation des vorliegenden Buches angepasst – deshalb sind hier die für *transmission* und *communication* gewählten deutschen Begriffe »Übertragung« durch »Übermittlung« und »Wechselverkehr« durch »Kommunikation« ersetzt, Anm. d. Ü.

entsprechend als den *Austausch* von Informationen begreifen. So aber versteht Dewey diesen Begriff nicht. Vor dem Hintergrund dessen, was im Englischen eine semantische Reihe bildet, *communication* (Kommunikation), *community* (Gemeinschaft) und *common* (gemeinschaftlich, üblich, allgemein bekannt, aber auch: allen gehörig), interessiert sich Dewey dafür, wie Menschen mit unterschiedlichen Lebenserfahrungen zu einem Einverständnis finden können – zu einem Maß an Gleichgesinntheit, das es ihnen ermöglicht, ihr Leben auch in Zukunft gemeinsam zu führen.[8] Auf den Spuren mittelalterlicher Vorläufer könnte man aus dem Adjektiv *common* deshalb vielleicht ein Verb machen: *to common*, »sozial interagieren«; kommunizieren wäre dann ein *commoning*, die regelmäßige Aktivität der »sozialen Interaktion«.[9] In Erziehungszusammenhängen ist dieses Gemeinschaft stiftende *commoning* vor allem eine Leistung der Menschen verschiedener Generationen. Seine erzieherische Kraft liegt außerdem darin beschlossen, dass die In-

8 Ebd. Der springende Punkt ist hier, wie der Erziehungswissenschaftler Gert Biesta in einem Kommentar zu Deweys Text vermerkt, dass ein gemeinsames Verständnis *keine* Bedingung für Teilnahme ist: »Es ist nicht so, dass wir erst zu einem gemeinsamen Verständnis finden müssten und dann beginnen würden, unsere Handlungen zu koordinieren. Für Dewey ist es gerade umgekehrt: Das gemeinsame Verständnis ist die Hervorbringung bzw. das Ergebnis einer erfolgreichen Zusammenarbeit im Handeln«. Gert J. J. Biesta, *The Beautiful Risk of Education*, Boulder (CO) 2013, S. 30.

9 Die kanadische Schriftstellerin und Aktivistin Heather Menzies spricht genau in diesem Sinne vom *commoning* als »der Art und Weise, die Dinge als betroffene Teilnehmer […], *die im Hier und Jetzt eines Lebensraums eingelassen sind*, zu tun und zu organisieren«. Heather Menzies, *Reclaiming the Commons for the Common Good*, Gabriola Islands (BC) 2014, S. 122 f.; Hervorhebung im Original. Vgl. auch Silke Helfrich/David Bollier/Heinrich-Böll-Stiftung (Hrsg.), *Die Welt der Commons. Muster gemeinsamen Handelns*. Bielefeld 2015, die ihre Aufsatzsammlung auf Englisch *Patterns of Commoning* titulieren.
Auch wenn der gemeinschaftsstiftende Aspekt bei Ingold im Vordergrund zu stehen scheint, bleiben die Kunstworte *to common* und *commoning* angesichts der vielen Bedeutungen von *common* unübersetzt, Anm. d. Ü.

formationen *nicht* ohne Verzerrung von einem Kopf zum anderen übergehen. Denn wenn ich meine Erfahrung mit Ihnen teilen möchte, dann reicht es nicht aus, sie zu portionieren und sie Ihnen so, wie sie ist, zu schicken. Sie würden dann das Paket in Empfang nehmen, aber keinen Deut klüger daraus werden. Damit das Teilen lehrreich ist, muss ich mir etwas einfallen lassen, um meine Erfahrung auf eine Art und Weise darzustellen, die mit Ihrer Erfahrung in Verbindung treten kann, damit wir – in einem bestimmten Sinne dieselben Wege gehen und auf diesen Wegen Bedeutung erzeugen können.[10] Es ist nicht so, dass bei Ihnen am Ende ein Stück Wissen in den Geist eingepflanzt wird, das früher einmal mir gehörte; vielmehr finden wir zu einer Übereinstimmung, die für beide von uns neu ist. Erziehung ist Verwandlung.

»Commoning« und Variation

Was Erziehung – nach Deweys Verständnis – für den Fortbestand des Lebens ist, ist Kommunikation für die Übermittlung. Das eine ist das Mittel zum Zweck des anderen. Auch wenn Dewey sich weniger Mühe mit der Definition von »Übermittlung« gibt als mit der von »Kommunikation«, ist doch klar, dass er eines *nicht* darunter versteht: nämlich das, wofür der Begriff heute üblicherweise steht – die Übertragung eines Korpus von Anweisungen und Repräsentationen zur Tradierung einer Lebensform von einer

10 »Eine Erfahrung«, sagt Dewey, »muß formuliert werden, wenn man sie weitergeben will. Um sie zu formulieren, muß man [...] überlegen, welche Berührungspunkte mit dem Leben des anderen sie hat, so daß sie in eine Form gebracht werden kann, die es ihm möglich macht, ihre Bedeutung abzuschätzen. [...] [Man] muss [...] sich mit Hilfe der Phantasie etwas von der Erfahrung eines anderen aneignen, um ihm die eigene Erfahrung verständlich machen zu können. Alle Mitteilung hat gewisse Züge der Kunst«. Dewey, *Demokratie und Erziehung*, S. 20 f.

Generation zur nächsten. Übermittlung ist möglich, sagt Dewey, weil sich Leben überschneiden: Während die einen alt werden und schließlich sterben, sind die anderen schon geboren und wachsen heran. Durch wechselseitige Teilnahme am Leben der jeweils anderen – durch das stetige und unablässige Bemühen von Jung und Alt, Unreif und Reif, zu einer Art Einverständnis zu kommen – findet Erziehung statt; so werden Wissensbestände, Werte, Überzeugungen und Praktiken einer Gesellschaft bewahrt. Und tatsächlich legt Dewey Wert darauf, dass Erziehung nur gelingen kann, wenn sich beide Seiten daran beteiligen. Die Parteien der Älteren und der Jüngeren müssen ein gemeinsames Interesse an dem Ergebnis haben. Ist das nicht der Fall, kann man nicht von Erziehung sprechen, sondern von dem, was Dewey »Dressur« oder »Abrichtung« nennt. Ein Haustier lässt sich zu einem gewünschten Verhalten dressieren, indem man es beispielsweise mit Leckerbissen belohnt. Solange es allerdings das Futter und nicht der dem Herrchen erwiesene Dienst ist, an dem das Tier interessiert ist, lässt sich der Vorgang nicht als Erziehung beschreiben. Viel zu oft, klagt Dewey, gehen wir mit dem eigenen Nachwuchs auf ähnliche Weise um: Das Kind wird dann »dressiert wie ein Tier, nicht erzogen wie ein menschliches Wesen«.[11] Sofern eine derartige Abrichtung das Rohmaterial unreifer Menschen in ein vorgefertigtes Muster presst, reproduziert es vielleicht das Muster, dient aber keinerlei pädagogischem Zweck.

Nun ist es an der Zeit, einen dritten Begriff einzuführen, der neben »Kommunikation« und »Übermittlung« eine zentrale Rolle für Deweys Erziehungsphilosophie spielt. Dieser Begriff ist der der »Umgebung« (*environment*). So wie »Kommunikation« das *commoning* des Lebens und »Übermittlung« seine Fortsetzung ist, so ist »Umgebung« seine Variation. Die Umgebung ist also nicht einfach das, was den

11 Ebd., S. 29 f.

Einzelnen umgibt, oder die Gesamtheit der ihn umgebenden Lebensbedingungen. Was eine Umgebung ausmacht, ist die Art und Weise, wie diese Lebensbedingungen im Laufe der Zeit in ein Muster gemeinsamen Handelns aufgehen. Man stelle sich einen Astronomen vor, der in den Sternenhimmel blickt. Für ihn sind die Sterne, sie mögen noch so weit entfernt sein, Teil der Umgebung – sie sind für ihn *von Bedeutung*. Und als solchermaßen Bedeutsames bringen sie ihn dazu, sich zu verändern, während sein Blick von einem Stern zum anderen schweift. Ausgehend von diesem Beispiel kommt Dewey zu dem Schluss, dass die »wirkliche Umgebung eines Menschen [...] die Dinge [bilden], mit deren Veränderung ein verändertes eigenes Verhalten parallel geht«.[12] Sie begleiten ihn und verändern sich mit ihm, im Einklang mit seinen Neigungen und Dispositionen. Das lässt sich zum Beispiel in Begriffen von Frage und *Antwort* reformulieren. Die Sterne stellen dem Astronomen eine Frage, sie wecken seine Neugier und motivieren ihn zu einer Antwort. Diese Antwort ist nicht nur eine Reaktion, wie etwa das plötzliche Bewusstwerden einer Sehstörung, sondern ein Antworten, das das persönliche Bestreben des Astronomen, die Sterne besser zu kennen, fortsetzt. Man könnte sagen, wie es Dewey tut, dass der Astronom mit den Sternen *korrespondiert*. Das Versprechen der Erziehung ist die Fähigkeit, Antworten zu geben und zu erhalten: Ohne eine solche »Antwortfähigkeit« (*response ability*), wie wir sie nennen können, wäre Erziehung nicht möglich.[13] Die Idee der Antwortfähigkeit ist im vorliegenden Buch ein Schlüsselelement meiner Argumentation, auf das ich noch zurückkommen werde. An dieser Stelle möchte ich fürs Erste damit schließen, dass ich den Zusammenhang zwischen

12 Ebd., S. 28.

13 Den Ausdruck »Antwortfähigkeit« entnehme ich den Schriften des Komponisten John Cage. John Cage, *Silence: Letters and Writing*, Middletown (CT) 2011, S. 10. Vgl. auch Gert J. J. Biesta, *Beyond Learning: Democratic Education for a Human Future*, Boulder (CO) 2006, S. 70.

Kommunikation als *commoning* und Umgebung als Variation herstelle.

Dabei geht es mir vor allem darum zu zeigen, dass zwischen diesen beiden Begriffen kein Widerspruch besteht, wie man auf den ersten Blick meinen könnte. *Commoning* und Variation stehen zueinander vielmehr in einem Verhältnis der wechselseitigen Abhängigkeit. Einerseits kann es keine Bewegung, kein Wachstum und kein Leben aus der geteilten Erfahrung geben, wenn das, was jeder Teilnehmer in sie einbringt, keine Variation beinhaltet. Die Verwirklichung von Gemeinschaftlichkeit ist nicht die Entdeckung dessen, was den Individuen von Anfang an gemeinsam ist: Sie ist eine kontinuierliche Hervorbringung, keine Rückkehr an einen Ursprung. Ohne jegliche Variation könnte es nur den Unterschied zwischen Personen mit größeren und Personen mit geringeren Begabungen geben. Erziehung – als die direkte Übertragung des Wissens und der Werte ersterer auf letztere – würde auf Abrichtung verkürzt. Dewey weist immer wieder mit Nachdruck darauf hin, dass Unreife gerade kein Mangel, sondern eine besondere Kraft des Wachsens ist. Für ihn besteht der Zweck von Erziehung außerdem nicht darin, eine Leere im Kopf des Kindes zu füllen, um es auf dasselbe Niveau zu heben wie die Erwachsenen, sondern darin, Jung und Alt zusammenzubringen, damit sich das Leben der Gesellschaft fortsetzen kann. Und während die Jungen durch Teilhabe an der aus langer Erfahrung geborenen Weisheit vielleicht alt werden, werden die Alten durch ihre Teilhabe an der wohlwollenden Neugier, Empfindsamkeit und Aufgeschlossenheit der Jüngeren selbst wieder jung.[14] Der Prozess ist endlos: Wachstum kann nur ein Mittel zu weiterem Wachstum sein, ebenso wie Leben ein Mittel zur Förderung von Leben. Andererseits kann es keine Variation ohne die gemeinsame Beteiligung an der geteilten sozialen Umgebung geben. Im Austausch mit an-

14 Dewey, *Demokratie und Erziehung*, S. 64 f., 76.

deren – in der Beantwortung ihrer Fragen und Ansprüche, nicht nur durch die Übernahme des Weitergegebenen – findet jeder von uns als eine Person mit einzigartiger und wiedererkennbarer Stimme zu sich selbst. Während Abrichtung Differenz unterdrückt oder lediglich, ganz am Rand, als Idiosynkrasie toleriert, fördert Erziehung Differenz als eigentliche Quelle des Menschseins.

Um es zusammenzufassen: *Commoning* und Variation stehen in einem Verhältnis der wechselseitigen Abhängigkeit, beide sind Voraussetzung für den Fortbestand des Lebens. Die Erziehungsgemeinschaft wird durch Variation, nicht durch Ähnlichkeit zusammengehalten. Sie ist eine Gemeinschaft – nicht nur ein gemeinsames Leben, sondern buchstäblich ein gemeinsames Geben (von *com-*, »gemeinsam«, plus *-munus*, »Gabe«) –, in der jeder und jede deshalb etwas zu geben hat, weil sich alle eben nicht gleichen, und in der die essentialistische Regression auf eine ursprüngliche Identität durch großzügige Koexistenz überwunden wird.[15] »Etwas zu teilen« – wie die Menschlichkeit selbst – ist kein Ausgangspunkt, sondern angestrebtes Ziel; sie ist nicht von Anfang an gegeben, sondern eine Aufgabe, die der gemeinschaftlichen Anstrengung bedarf. Diese Anstrengung verlangt von Alt und Jung gleichermaßen, dass sie

15 In einem Buch ebendieses Titels spricht Alphonso Lingis von der »Gemeinschaft derer, die nichts gemein haben«. Alphonso Lingis, *The Community of Those Who Have Nothing in Common*, Bloomington (IN) 1994. Gemeinschaft beschreibt ein Sein, kein Haben. In einem ähnlichen Sinne macht uns Jean-Luc Nancy darauf aufmerksam, dass die wahre Bedeutung unseres »Gemein-sam-sein[s] *[être-en-commun]* im »›sam‹ *[en]* oder im ›unter‹ *[entre]* seiner Verräumlichung besteht« und nicht im »Sein oder Wesen des Gemeinsamen« (Jean-Luc Nancy, *Singulär plural sein*, Berlin 2004, S. 52). Zur Etymologie von Gemeinschaft als »gemeinsames Geben« vgl. Roberto Esposito, *Terms of the Political: Community, Immunity, Biopolitics,* New York 2012. »Die Mitglieder einer Gemeinschaft sind«, so schreibt Esposito, »durch die Pflicht einer gegenseitigen Gabe aneinander gebunden […], die sie aus sich heraus führt, um sich an den anderen zu wenden«. Ebd., S. 49.

sich anderen öffnen und durch ihr eigenes Handeln zu den Bedingungen des Gemeinschaftslebens beitragen, aus dem weitere Variation erwächst. Auf diese Weise tragen die Menschen jeder Generation zur Hervorbringung der Umweltbedingungen bei, unter denen ihre Nachfahren aufwachsen und erwachsen werden. Vor diesem Hintergrund schließt Dewey, dass Erziehung nicht durch »direkte Übermittlung«, sondern nur indirekt stattfinden kann, »durch das Medium der Umwelt«.[16] Doch in unserem Zeitalter der Informatik bezieht sich »Übermittlung« gerade auf die direkte Übertragung und *nicht* auf die Kontinuität des Lebens-in-einer-Umwelt. Aus diesem Grund wende ich mich nun in Deweys Namen dagegen.

Das genealogische Modell

Denken wir an das Verhältnis von Eltern – Mutter oder Vater – und – männlichem oder weiblichem – Kind. Unabhängig von der Geschlechtszugehörigkeit ist der anthropologische Fachbegriff für diese Beziehung *Filiation*. Wie sollten wir sie beschreiben? Auf den Verwandtschaftstafeln der Anthropologen war es lange Zeit üblich, die Filiation als eine vertikale Linie darzustellen, die zwei rautenförmige Symbole miteinander verbindet. Die Symbole stehen für Personen, ihre Rautenform dafür, dass die Personen männlich oder weiblich sein können. Welche Bedeutung aber hat die Linie? Schon auf den zweiten Blick wird klar, dass diese scheinbar so unschuldige Darstellung voll unausgewiesener Annahmen steckt. Die erste ist, dass die Leben von Elternteil und Kind im Rahmen der Filiationsbeziehung nicht miteinander verbunden sind, sondern fein säuberlich getrennt gehalten werden. Das sind sie von Anbeginn und bleiben es in immer gleichem Maße. Statt irgendwie

16 Dewey, *Demokratie und Erziehung*, S. 42; Übers. modifiziert, Anm. d. Ü.

aufeinander Bezug nehmen oder einander antworten zu können, werden beide auf ihre jeweiligen Plätze verwiesen, jeder eingeschlossen in das ihn bezeichnende Symbol. Der Prozess des Älterwerdens führt weder zu einer größeren Trennung von Elternteil und Kind noch zu einer größeren Annäherung an das Kind; Wachstum und Reifung bringen das Kind seinem Elternteil keinen Deut näher. Deshalb ist die Linie zweitens keine Lebenslinie. Was sie auch symbolisieren mag, es ist nicht das Leben selbst, sondern eine Reihe von Talenten, Eigenschaften oder Anweisungen, um das Leben zu führen. Und da die Linie drittens von Anfang an da ist und im Laufe der Zeit nicht größer oder länger wird, muss das Kind, ganz unabhängig von seinem Wachstum und seiner Entwicklung in der Welt, mit diesen Eigenschaften ausgestattet sein. Der Tafel zufolge ist die Filiation also eine von jeder Umwelterfahrung unabhängige, direkte Beziehung. Und die Linie? – ist natürlich eine Linie der Übermittlung. Entlang dieser Linien gelangen Individuen unmittelbar in den Besitz von Attributen (Eigenschaften, Begabungen, Charakteristiken), die längst existieren, bevor sie im Laufe des Lebens zum Tragen kommen. Oder mit anderen Worten: Diese Attribute werden *vererbt*.

Der Tafel der Verwandtschaftsbeziehungen liegt also eine bestimmte Logik zugrunde. Es ist die Logik dessen, was ich das *genealogische Modell* genannt habe: Seine konstitutive Annahme ist, dass die Individuen unabhängig von und vor allem Leben in der Welt durch die Gabe der Attribute ihrer Ahnen in der Essenz ihres Seins festgelegt sind.[17] Um jedem Missverständnis vorzubeugen: Nie habe ich behauptet, dass sich die vielen Völker dieser Erde, die so gerne ihre Genealogien aufzeichnen und sich auf sie berufen, dieser Logik

17 Eine detailliertere Auseinandersetzung mit dem genealogischen Modell habe ich in Tim Ingold, *The Perception of the Environment: Essays on Livelihood, Dwelling and Skill*, London 2000, S. 134–139, geführt.

bedienen.[18] Nicht im Mindesten! In den Geschichten, die sie von ihren glorreichen Ahnen erzählen, vom Gebären und Geborenwerden, greifen alle Generation aus, um die nächsten zu berühren, so wie die – in gleicher Richtung nebeneinander verlaufenden – Stränge die Kontinuität eines Seils gewährleisten, das von der Vergangenheit in die Gegenwart reicht.[19] Dies sind die Lebensgeschichten. Das genealogische Modell dagegen ist ein Artefakt der formalen anthropologischen Analyse, dessen Erfindung oft einem der berühmteren Vorväter der Anthropologie zugeschrieben wird, nämlich W. H. R. Rivers. In der Tat ist die Methode, die Rivers in den ersten Dekaden des 20. Jahrhunderts für die strenge Sammlung und Analyse genealogischer Daten einführte, bis heute allgemein gebräuchlich.[20] Das Modell ist aber in kei-

18 Mit einer solchen Verwechslung von genealogischem Modell und der Berufung auf Genealogien haben wir es exemplarisch bei Philippe Descolas Erörterung der Übermittlung in seinem Magnum opus *Jenseits von Natur und Kultur* zu tun. Philippe Descola, *Jenseits von Natur und Kultur*, Berlin 2011, S. 480–485. Für Descola ist die Übermittlung »vor allem das, was den Einfluß der Toten auf die Lebenden auf dem Weg der Filiation ermöglicht« (S. 480). Es ist das Gewicht vergangener Generationen, das die Nachfahren in der Gegenwart belastet und das »unerbittlich von Generation zu Generation weitergegeben« wird (S. 482). Hier wird das Wort »Übermittlung« im ursprünglichen Dewey'schen Sinne der Kontinuität des Lebens gebraucht. Der Sinn von »Übermittlung«, der dem genealogischen Modell zugrunde liegt, ist allerdings genau der umgekehrte. Er schließt jegliche Anerkennung dessen aus, was die Gegenwart der Vergangenheit für ihren eigenen Fortbestand schuldet; auch wird von den heutigen Menschen nicht erwartet, dass sie das Werk ihrer Vorfahren fortsetzen. Denn was bei einer Übermittlung in diesem Sinne weitergegeben wird, ist nicht der Strom des Lebens selbst, sondern die Anweisungen, wie es zu führen sei. Für eine ausführlichere Kritik vgl. Tim Ingold, »A naturalist abroad in the museum of ontology: Philippe Descola's *Beyond Nature and Culture*«, in: *Anthropological Forum* 26, 1 (2016a), S. 317 f.

19 Eine bildliche Darstellung dieses Zusammenhangs findet sich in Tim Ingold, *Eine kurze Geschichte der Linien*, Konstanz 2021 [2007], S. 150.

20 Rivers' Artikel »The genealogical method of anthropological inquiry« wurde erstmals 1910 publiziert. W. H. R. Rivers, »The genealogical method of anthropological inquiry«, in: ders. (Hrsg.), *Kinship and Social Organization*, London 1968. Siehe Ingold, *Eine kurze Geschichte der Linien*, S. 133–148.

ner Weise ein spezifisch anthropologisches, und möglicherweise besteht Rivers' Leistung im engeren Sinne darin, eine Form des Denkens, die mindestens in den biologischen und psychologischen Wissenschaften schon wohletabliert war, auf die Erforschung der menschlichen Verwandtschaftsbeziehungen angewandt zu haben. Dieses Modell stand und steht in der Anthropologie durchaus massiv in der Kritik. Unter anderem wurde aus den Reihen derer, die mit Anthropologen zusammenarbeiten, nachdrücklich darauf hingewiesen, dass Verwandtschaftsbeziehungen nicht durch die genetische Abstammung vorherbestimmt sind, sondern sich dadurch bilden, dass Menschen miteinander – oft unter einem Dach – zusammenleben und materiell und immateriell zur Bildung der jeweils anderen beitragen.[21] In Biologie und Psychologie allerdings ist das genealogische Modell nach wie vor gebräuchlich und wenig hinterfragt.

In der Biologie begründet es die parallelen Unterscheidungen zwischen Genotyp und Phänotyp auf der einen, zwischen Phylogenese und Ontogenese auf der anderen Seite. Während der Genotyp dem zukünftigen Organismus angeblich zum Zeitpunkt der Empfängnis eine im Genom verschlüsselte Spezifizierung des formalen Bauplans vorgibt, ist der Phänotyp die manifeste Form, die aus dem Wachstums- und Reifungsprozess des Organismus in einer spezifischen Umwelt hervorgeht. Von August Weismann wurde Ende des 19. Jahrhunderts (natürlich noch nicht in der Sprache der modernen Genetik) erstmals eine Grundprämisse des Modells formuliert, der zufolge nur die Elemente des Genotyps, nicht aber die des Phänotyps in einer Vorfahre-Nachfahre-Sequenz von Generation zu Generation weitergegeben werden können. Der Ausdruck der letzteren Elemente beschränkt sich also innerhalb jeder Generation auf den Lebenszyklus des einzelnen Lebewesens. Daraus

21 Vgl. etwa Sandra Bamford/James Leach (Hrsg.), *Kinship and Beyond: The Genealogical Model Reconsidered*, Oxford 2009.

folgt: Genau wie die Filiation in der Anthropologie der Personen quer zu Wachstum und Reifung steht, so steht in der Biologie der Organismen die Abstammung quer zum Leben, die Phylogenese quer zur Ontogenese. In der Psychologie findet dieselbe Logik ihren Niederschlag in der klassischen Unterscheidung zwischen sozialem und individuellem Lernen: wobei sich ersteres auf die Art und Weise bezieht, wie kontextunabhängige Informationen, die Muster des kulturellen Lebens bilden, von der Lehrmeisterin auf die Schülerin »hinüberkopiert« werden; letzteres ist eine Folge wiederholter Bemühungen seitens der Schülerin, die bereits kopierten Informationen innerhalb des Handlungskontextes einer besonderen Umwelt anzuwenden. Und tatsächlich ist die logische Anschlussfähigkeit zwischen der biologischen und der psychologischen Version des genealogischen Modells so ungebrochen, dass Wissenschaftler schnell mit synthetischen Theorien der biokulturellen Evolution bei der Hand waren, die davon ausgehen, dass die genetischen und kulturellen Informationen über parallele Kanäle weitergegeben werden. Jedes Individuum erbt, dieser Theorie zufolge, zwei Sets von Typisierungen, von denen das eine per genetischer Replikation gebildet wird, das andere angeblich ganz analog durch die Replikation kultureller Einheiten, die in der späteren Interaktion mit der Umwelt zusammen zum Tragen kommen.[22]

Die Fixierung dieser Theorien auf den Begriff der Vererbung ist der untrüglichste Hinweis darauf, dass hier das genealogische Modell am Werk ist. Ein Fehlschluss aber, der die Kernannahmen des Modells selbst betrifft, macht

22 Diese Idee einer genetisch-kulturellen Co-Evolution hat eine umfangreiche Literatur hervorgebracht. Beispielhaft seien hier genannt: William H. Durham, *Coevolution: Genes, Culture and Human Diversity*, Stanford (CA) 1991; Peter J. Richerson/Robert Boyd, *Not by Genes Alone: How Culture Transformed Human Evolution*, Chicago (IL) 2008; sowie Robert A. Paul, *Mixed Messages: Cultural and Genetic Inheritance in the Constitution of Human Society*, Chicago (IL) 2015.

es unbrauchbar. Von der Biologiephilosophin Susan Oyama bündig auf den Begriff gebracht lautet er, das Modell müsse davon ausgehen, dass die Informationen schon »vor den Prozessen, die sie hervorbringen, existieren müssen«.[23] Der Fehlschluss ist für die Idee genetischer Übermittlung genauso verheerend wie für dessen kulturelles Pendant. Ich fange mit Ersterem an, bevor ich mich Letzterem zuwende, um das es mir hier vor allem geht.

Den Teufelskreis durchbrechen

Das in jeder Körperzelle vorhandene Genom eines Organismus besteht aus langen Ketten von Desoxyribonukleinsäure (DNA), die in der chemischen Matrix der Zelle die einzigartige Eigenschaft besitzen, Kopien identischer Sequenzen von Säurebasen zu produzieren. Diese an sich bemerkenswerte Eigenschaft berechtigt allerdings nicht zu der Schlussfolgerung, dass in der DNA-Sequenz schon eine Charakterspezifizierung für den Organismus encodiert wäre. Die Replikation eines Moleküls ist keinesfalls dasselbe wie die Reproduktion eines Organismus, und eine Verbindung zwischen beidem lässt sich nur im Prozess der ontogenetischen Entwicklung herstellen – das heißt durch Wachstum und Reifung eines Organismus in seiner spezifischen Umwelt. Somit ist die Idee des »genetischen Merkmals« eine Contradictio in adiecto, denn sie schreibt dem, was zu Beginn des Lebenszyklus kopiert wird, Eigenschaften zu, die erst im Laufe der Entwicklung auftauchen. Als Genotyp, (in Abgrenzung zum molekularen Genom) verstanden als ein Komplex von Merkmalen, scheint der Organismus vollendet zu sein, bevor es ihn überhaupt gibt; genau wie auf den Verwandtschaftstafeln der Anthropologen sieht es so

23 Susan Oyama, *The Ontogeny of Information: Developmental Systems and Evolution*, Cambridge (UK) 1985, S. 13.

aus, als reduziere sich sein Lebenszyklus auf einen symbolischen Punkt. Und tatsächlich ist der Genotyp in Wahrheit nichts anderes als eine formale, kontextunabhängige Beschreibung des Organismus, wie dieser losgelöst von allen umweltbedingten Variationen erscheint. Als solcher existiert er ausschließlich in der Phantasie der beobachtenden Biologin, die – nachdem sie ihn im Kern des Organismus als Programm oder Blaupause für die anschließende Entwicklung, das heißt als *Bio-logos* implantiert hat – das sich entfaltende Leben des Organismus lediglich als die unter besonderen Umweltbedingungen stattfindende Transkription von etwas begreift, was von Beginn an in den Organismus eingeschrieben war.[24]

Über die Zirkularität dieses Denkens muss man weiter keine Worte verlieren. Ich weise hier nur darauf hin, weil eine analoge Zirkularität auftritt, wenn das genealogische Modell auf das Erlernen von Traditionen übertragen wird. Das Kopieren der genetischen Merkmale wird vom Modell durch das Kopieren der entsprechenden kulturspezifischen Merkmale ersetzt. Und was die Replikation für Gene leistet, leistet angeblich die Nachahmung für die Kultur. Ungeachtet der Frage, ob das kulturelle Erbe ein Alleinstellungsmerkmal des Menschen ist oder nicht, wird jedenfalls davon ausgegangen, dass es sich einem Nachahmungstrieb verdankt, der automatisch ein offen zutage liegendes und vom aufmerksamen Neophyten wahrgenommenes Verhalten auslöst, das als verborgenes Schema für seine Replikation einen Abdruck in seinem Geist hinterlassen soll. Dieses Appellieren an den Nachahmungstrieb aber missversteht, wie Dewey vor hundert Jahren gezeigt hat, die Gleichgesinntheit, die dem Zusammenleben entspringt, als eine psychologische Kraft, die es angeblich produziert. Mit einer

24 In diesem Absatz habe ich Argumente zusammengefasst, die ich ausführlicher darlege in: Tim Ingold, »Between evolution and history: biology, culture, and the myth of human origins«, in: *Proceedings of the British Academy* 112 (2002), S. 43–66.

gewissen Häme merkt er an, das sei so, als würde man den Karren vor das Pferd spannen: Man »nimmt die Wirkung für die Ursache«.[25] Wohl wahr! Und die Idee des »kulturellen Merkmals« ist in der Tat genau so eine Contradictio in adiecto wie ihr genetischer Widerpart, und zwar aus demselben Grund: Sie beginnt mit dem Ergebnis. Das, was manchmal in Analogie zum Genotyp als »Kulturtyp« bezeichnet wird, postuliert – als Komplex von Merkmalen – von Anbeginn Gewohnheiten oder Dispositionen, die nur durch gemeinsame Praxis und Erfahrung in einer Umwelt entstehen können.[26] Wie der Genotyp ist auch der Kulturtyp eine deskriptive Formalisierung beobachteten Verhaltens. Der Theoretiker stellt sich vor, dieser werde *in* den Geist des Individuums einer Kultur hineinkopiert, nur um dann, wenig überraschend, festzustellen, dass er in dessen nachfolgendem (und folgerichtigem) Verhalten wieder *heraus*kopiert wird. Dass das mit dem Kopieren einhergehende Lernen als ein »soziales« zu verstehen sei, obwohl es doch angeblich schon vor dem Eintritt in das Theater des sozialen Lebens geschieht, und dass das (sich daran) anschließende Lernen angeblich ein »individuelles« ist, obwohl es doch gemeinsam mit anderen in genau diesem Theater stattfindet, macht die Verwirrung perfekt. Die Theoretiker der kulturellen Vererbung haben es offenbar fertiggebracht, alles Soziale in die Köpfe der Individuen zusammenzupressen, womit sie eine all ihrer sozialen Bezüge beraubte Umwelt hinterlassen, die nur deshalb beschworen wird, damit die Individuen irgendetwas Greifbares zum Interagieren haben.

25 Dewey, *Demokratie und Erziehung*, S. 56.

26 Soweit ich weiß, wurde diese Idee erstmals 1978 von Peter Richerson und Robert Boyd in einem grundlegenden Beitrag zur Theorie der genetisch-kulturellen Evolution vorgeschlagen. »Um den Phänotyp eines kulturellen Organismus vorherzusagen, muss man seinen Genotyp, seine Umwelt und seinen ›Kulturtyp‹, die kulturelle Botschaft, die der Organismus von anderen Individuen derselben Spezies empfangen hat, kennen«. Richerson/Boyd, *Not by Genes Alone*, S. 128.

Damit soll selbstverständlich nicht bestritten werden, dass unter Menschen und möglicherweise auch unter anderen Tieren ein Nachahmen oder Kopieren stattfindet oder dass es notwendig ist, um den intergenerationellen Fortbestand zu gewährleisten. Doch es ist der in einer Umwelt oder Umgebung situierten Praxis eben nicht vorgängig, sondern bedient sich ihrer. Mit Dewey gesprochen ist »›Nachahmung‹ ein irreführender Name für die Mitbeteiligung an der Verwertung von Gegenständen, die zu Ergebnissen führt, an denen alle ein Interesse haben«.[27] Das Problem ist dann, wie sich Erfahrung so verändern lässt, dass sie an der Hervorbringung von Gemeinsamkeit mitwirken kann. Wie können »den Jungen die Gesichtspunkte der Eltern übereignet werden«, so fragt Dewey, oder »die Alten die Jungen sich selbst geistig ähnlich machen?« Durch eine Antwort der Umgebung, so könnte man ihn zusammenfassen, die bestimmte Reaktionen erforderlich macht. Wenn die Umgebung unablässigen Veränderungen unterliegt, dann verändert sich die Person in Reaktion auf diese und umgekehrt. Die Alten verändern sich in ihrer Art oder ihrem Verhalten mit den Jungen. Was wir Nachahmung zu nennen pflegen, ist in Wirklichkeit also eine Form von Korrespondenz. Sollte das aber zutreffen, dann kann sie aus demselben Grund nicht als eine Form der Übermittlung verstanden werden – zumindest nicht in dem Sinne, wie das genealogische Modell Übermittlung begreift. Es ist einfach nicht denkbar, so beharrt Dewey, dass die Überzeugungen und Einstellungen, die eine soziale Gruppe in ihren unreifen Mitgliedern kultiviert, diesen »eingetrichtert« oder »angeklebt« werden; sie können nicht »herausgezogen und anderswo eingesetzt werden«, und es ist nicht möglich, sie durch »Ansteckung« zu verbreiten oder »im wörtlichen Sinne einzuimpfen«. So etwas kann man vielleicht mit materiellen Entitäten wie Nägeln, Zähnen und Keimen ma-

27 Dewey, *Demokratie und Erziehung*, S. 56.

chen, nicht aber mit Ideen, deren Herausbildung ihrerseits von der Erfahrung abhängt.[28]

So unabweisbar Deweys grundlegende Kritik sein mag, sie scheint wenig Einfluss auf die herrschende Psychologie gehabt zu haben, deren Vertreter nach wie vor der Ansicht sind, dass geistige Inhalte, wie Überzeugungen oder Einstellungen, genau auf die von Dewey so vehement kritisierte Weise herausgezogen oder eingesetzt werden können, und haben große Anstrengungen unternommen, um eingebaute kognitive Mechanismen zu entdecken, die dieses wunderbare Kunststück vollbringen sollen. Einige Psychologen, und in ihrem Gefolge auch eine Handvoll anthropologischer und eine Menge biologischer Mitläufer, haben sich sogar angewöhnt, diese mentalen Elemente als »Meme« zu bezeichnen. So wie Gene im Körper leben und die ontogenetische Entwicklung steuern, so wohnen – nach ihrer Vorstellung – die Meme im Geist und steuern Denken und Verhalten ihres Trägers. In Wirklichkeit ist diese Idee nicht neu. Auch wenn sie in den vergangenen Jahrzehnten von den Biologen Richard Dawkins und seinen Gefolgsleuten popularisiert wurde, ist sie in der Fachliteratur doch schon seit über einem Jahrhundert bekannt – und ihre Langlebigkeit wird nur noch von der Unbeirrbarkeit, mit der sich ihre Anhänger für die Speerspitze des wissenschaftlichen Fortschritts halten, in den Schatten gestellt.[29] Tatsächlich drängt sich der Gedanke auf, zu dem ich später noch kommen möchte, dass die Idee der Mem-basierten Übermittlung selbst ein invertiertes Bild wissenschaftlicher Rationalität ist, so wie es im Spiegel der Kultur erscheint. Vielleicht ist das der Grund, warum es sich so hartnäckig hält.

28 Alle wörtlichen Zitate in diesem Absatz stammen aus Dewey, *Demokratie und Erziehung*, S. 27 f.

29 Vgl. Richard Dawkins, *Das egoistische Gen*, Berlin/Heidelberg 1978 [1976], und Susan Blackmore, *The Meme Machine*, Oxford 2000. Beispiele früherer Hypothesen über ein kulturelles Pendant zum Gen und die entsprechenden Literaturhinweise finden sich in: Tim Ingold, *Evolution and Social Life*, Abingdon 2016b, S. 229.

Ein jüngerer anthropologischer Vertreter dieser Theorie ist Dan Sperber, auch wenn er die übermittelten Elemente lieber »Repräsentationen« als »Meme« nennt.[30] Nach Sperbers Vorstellung sind Repräsentationen unmittelbar ansteckend: Sie können sich wie eine Epidemie in der Bevölkerung ausbreiten, indem sie die erblich zu ihrer Auffassung prädisponierten Köpfe infizieren und deren Trägerpersonen zu einem Verhalten bewegen, das zu ihrer weiteren Ausbreitung führt – ungefähr so, wie wenn man bei einer Erkältung das Bedürfnis hat zu niesen. Die Luft ist also gesättigt mit informationshaltigen Partikeln, die quasi eingeatmet, repliziert und wieder an die Umgebung abgegeben werden, während wir unseren Alltagsbeschäftigungen nachgehen. Zu diesen Partikeln hätten früher – um eines von Sperbers Lieblingsbeispielen zu verwenden – gesprochene Laute gehört, die Anweisungen für die Zubereitung von Sauce Mornay enthielten. Diese Laute, ehemals Bestandteil einer mündlichen Kochtradition, wurden unterdessen weitgehend durch Muster aus Druckerschwärze ersetzt, die nun in Kochbüchern zu finden sind. So oder so muss der angehende Koch also lediglich die Laute oder Muster entschlüsseln, um an die Anweisungen zu gelangen, die dann als Repräsentationen in seinen Geist eingepflanzt werden. Will er die Sauce zubereiten, muss er diese Anweisungen nur noch in körperliches Verhalten umsetzen; die genaue Form der Umsetzung kann natürlich von den besonderen Gegebenheiten seiner Küche abhängen.[31]

Die Geschichte hat natürlich einen Haken, und der hat mit den Bedingungen des Codierens und Decodierens zu tun. Wenn Laute oder Tintenmuster als Vektoren für die Übermittlung von Anweisungen dienen und diese als Ge-

30 Dan Sperber, *Explaining Culture: A Naturalistic Approach*, Oxford 1996.
31 Ebd., S. 61.

samtpaket empfangen werden sollen, bevor es mit dem Kochen überhaupt losgeht – denn wie ließen sie sich sonst in Verhalten umsetzen? –, dann muss es uns irgendwie möglich sein, Lauten und Mustern losgelöst von jedem Handlungskontext Bedeutung zuzuschreiben bzw. sie aus ihnen herauszulesen. Um es noch allgemeiner zu formulieren: Ohne Regeln des Codierens und Decodierens, die selbst kontextunabhängig sind, kann es keine direkte Informationsübermittlung von einem Anwendungskontext an einen anderen geben. Die Bedeutung gesprochener oder geschriebener Worte und aller anderen Symbole, die verwendet werden könnten (wie etwa numerische oder geometrische Symbole), muss von Vornherein gegeben sein. Und auch damit hatte sich Dewey bereits, lange bevor seine Nachfahren das Problem überhaupt identifiziert hatten, auseinandergesetzt. Unsere Vertrautheit mit der gesprochenen oder geschriebenen Sprache, so bemerkt er, verleitet uns oft dazu zu glauben, dass Wissen geradewegs in den Geist eines anderen implantiert werden könnte: »Es scheint beinahe, als ob für die Überführung einer Vorstellung in den Geist eines anderen nichts weiter nötig sei, als daß seinem Ohr ein Laut zugeführt wird«.[32] Einfach die Worte »zerlasse die Butter in einer Pfanne und rühre das Mehl ein« flüstern, und eine Sauce Mornay wird sich auf geheimnisvolle Weise materialisieren! Doch so einfach ist die Sache bei Weitem nicht, sagt Dewey.

Wenn wir zunächst einmal annehmen, dass ich Ihre Sprache spreche, (und damit all die Kindheitserfahrungen einklammern, durch die wir zur Beherrschung unserer Muttersprache gekommen sind) dann kann ich dem, was Sie mir sagen, nur folgen, weil es meinen, ebenso wie Ihren, Erfahrungen des Zerlassens und Einrührens, des Umgangs mit Substanzen wie Mehl und Butter und des Auffindens der wesentlichen Zutaten und Kochutensilien

32 Dewey, *Demokratie und Erziehung*, S. 31 f.

in den unterschiedlichen Ecken meiner Küche entspricht. Die wörtlichen Anweisungen des Rezepts gewinnen, mit anderen Worten, weder durch ihre Bindung an mentale Repräsentationen in meinem Kopf noch durch ihre Bindung an die entsprechenden Repräsentationen in Ihrem Kopf an Bedeutung, sondern durch ihre Verortung in der gewohnten heimischen Umgebung.[33] Wenn ich die Worte in einem Rezeptbuch gelesen hätte, statt sie mit dem Ohr aufzunehmen, dann hätte ich den Autor womöglich nie getroffen; tatsächlich hätten wir in räumlich und zeitlich großem Abstand leben können. Doch wie Dewey feststellt, schafft physische Nähe allein noch keine Gemeinschaft: »Ein Buch oder ein Brief können zwischen menschlichen Wesen, die Tausende von Kilometern voneinander entfernt sind, innigere Beziehungen schaffen, als sie zwischen anderen bestehen, die unter demselben Dache leben«.[34] Für Dewey ist entscheidend, dass wir Erfahrungen teilen. Weder sprachlichen Lauten noch graphischen Schriftzeichen seien ihre Bedeutungen einfach angeheftet; vielmehr gewinnen sie sie nach seiner Überzeugung durch ihr Eingelassensein in die geteilte Erfahrung gemeinsamen Tuns. Die Verständigung über Wortbedeutungen ist ein Erfolg des *commoning*: Wir müssen unablässig an dieser immer nur vorläufigen, niemals abgeschlossenen Verständigung arbeiten.

Die Erfahrung, die Sie und ich teilen oder die ich mit der Autorin des Rezeptbuchs teile, ist die Reise durch ein Feld miteinander verbundener Aufgaben. An anderer Stelle habe ich für dieses Feld den Begriff der »Aufgabenlandschaft« (*taskscape*) vorgeschlagen.[35] Wie die Wegweiser in einer natürlichen Landschaft versorgen die Anweisungen des Kochbuchs uns Anwender, die sich durch diese besondere Aufgabenlandschaft bewegen, mit konkreten Hinweisen; wobei

33 Ingold, »From the transmission of representations to the education of attention«, S. 137.

34 Dewey, *Demokratie und Erziehung*, S. 19.

35 Ingold, *The Perception of the Environment*, S. 198–201.

jede Anweisung strategisch an einem Punkt angebracht wurde, den die Autorin im Rückblick auf frühere Erfahrungen mit der Zubereitung des jeweiligen Gerichts als kritischen Moment innerhalb des Gesamtprozesses betrachtete. Dabei wird unterstellt, dass der Koch in der Lage ist, sich aufmerksam und intuitiv, das heißt aber auch ohne weitere Rückgriffe auf explizite Verfahrensregeln, mit anderen Worten: geschickt zwischen diesen Punkten zurechtzufinden. An sich stellt das Rezept also kein Wissen dar. Eher kann man vielleicht sagen, dass das Rezept durch seine Positionierung innerhalb einer Aufgabenlandschaft, die aufgrund früherer Erfahrungen schon mehr oder weniger vertraut ist, einen Weg zum Wissen eröffnet. Nur wenn die Informationen in einen Zusammenhang mit Fähigkeiten gebracht werden, die sich vorherigen Erfahrungen verdanken, weisen sie einen Weg, der einleuchtend und praktisch nachvollziehbar ist, und nur ein solchermaßen spezifizierter Weg kann zu Wissen führen. In diesem Sinne besteht jedes Wissen in einem Können. Genau wie ich mein Wissen über die Landschaft dadurch erwerbe, dass ich mich in ihr bewege, indem ich verschiedenen Wegweisern folge, so beruht meine Kochwissen darauf, dass ich mich an die diversen Rezepte des Buches halte. Es ist kein Wissen, das mir übermittelt wurde, sondern eines, das *in* mir gewachsen ist, während ich unter der Anleitung meiner Vorgängerin denselben Pfaden gefolgt bin wie die Vorgängerin ihrerseits.[36]

Rezepte sind in dieser Hinsicht wie Geschichten. Sie haben eine narrative Struktur: »Tu erst dies und dann tu das; beobachte, wie sich, während du dies und das tust, die Konsistenz deiner Zutaten verändert!« Und alles, was ich über Rezepte gesagt habe, gilt auch für Geschichten. Anthropologen haben zu Recht auf die erzieherische Funktion des *storytelling* hingewiesen, und zwar überall auf der Welt. Sie

36 Ingold, »From the transmission of representations to the education of attention«, S. 137 f.

haben daraus aber die falschen Schlüsse gezogen, nämlich dass Geschichten Vektoren für die codierte Übermittlung von Informationen seien, in denen ein umfassendes System des Wissens, der Überzeugungen und Werte zum Ausdruck komme.[37] Doch die Bedeutung von Geschichten erschließt sich, ebenso wenig wie die Bedeutung der gedruckten Kochrezepte, aus zuvor angehefteten Wortbedeutungen; sie ist vielmehr das, was Hörer und Leser selbst herausfinden müssen, indem sie sie mit eigenen Erfahrung und Lebensgeschichten in Verbindung bringen.[38] Geschichten überlagern einander, weil jedes Erzählen ausgreift und sich mit dem nächsten Erzählen berührt. Dasselbe gilt für die Leben, von denen die Geschichten erzählen: Sie werden auf diese Weise fortgesetzt. Hier möchte ich noch einmal meine obige Unterscheidung zwischen dem genealogischen Modell und dem Nacherzählen von Genealogien in Erinnerung rufen. Das eine präsentiert uns eine lückenlose Abfolge von Vorfahren und Nachfahren, bei der jede Verbindung zwischen Elternteil und Kind durch eine Übermittlungslinie dargestellt sein soll. Das andere hingegen zeigt uns eine Korrespondenz der – sich überlappenden oder einander aufgreifenden – Leben, in denen es *commoning* und Variation gibt.

37 Ein Beispiel hierfür ist Donna Eders einfühlsame Darstellung des *storytelling* bei dem indigenen Volk der Navajo und von dessen Übertragbarkeit auf den institutionellen Kontext des westlichen Schulsystems. Obwohl sie betont, wie wichtig es ist, sich sowohl auf die Praxis des Erzählens als auch auf den Inhalt des Erzählten zu konzentrieren, ist Eder trotz allem der Auffassung, der Zweck der Geschichten bestehe darin, eine Reihe impliziter Überzeugungen und Bedeutungen zu transportieren, die zusammengenommen die »für ein gutes Leben notwendigen Prinzipien« beinhalten. Die Überzeugungen und Bedeutungen existieren schon, in den Texten der Geschichten begraben, bevor diese überhaupt erzählt werden. Donna J. Eder, »Bringing Navajo storytelling practices into schools: the importance of maintaining cultural integrity«, in: *Anthropology & Education Quarterly* 38, 3 (2007), S. 278–296, hier: S. 279, 288.

38 Tim Ingold, *Being Alive: Essays on Movement, Knowledge and Description*, Abingdon 2011, S. 162.

Die nicht so sehr präformierte als vielmehr erfahrene Filiation ist kein Glied in einer Kette, sondern ein »gemeinsam Altern«, das sich so lange fortsetzt, bis das Leben der Eltern zugrunde geht und das Kind andere Leben begründet oder gefunden hat, mit denen es in Korrespondenz treten kann.[39]

Vernunft und Vererbung

Angesichts der vielen Einwände, die gegen die Idee der Erziehung als Übermittlung oder »direkte Übertragung« vorgebracht wurden, nicht nur in Deweys Schriften, bedarf es einer Erklärung, warum sie sich eigentlich so hartnäckig hält. Schon Dewey hatte sich gewundert, die in der Theorie weitgehend diskreditierten Vorstellungen vom Lehren als einer Form des Eintrichterns und vom Lernen als eines passiven Aufsaugens in der Praxis so fest verankert zu finden. Er empfand diesen Umstand als überaus »bedauerlich«.[40] Ein Jahrhundert später hat sich nicht viel daran geändert. In der Schule wird von den Schülern nach wie vor erwartet, dass sie einem festgelegten Lehrplan folgen und zwischen Einschulung und Schulabschluss auf messbaren Stufen vorankommen. Man möchte fast glauben, irgendeine unerbittliche Logik zwingt uns dazu, ein immer rigideres und kurzsichtigeres Regime der pädagogischen Dressur zu errichten, während wir doch zugleich den Wert der Bildung als Königsweg zu Vernunft und Aufklärung verherrlichen. Das erinnert mich an die Klavierstunden, die ich als Kind ertragen musste. Mit einer – der Musik gänzlich wesensfremden – Mischung aus Zuckerbrot und Peitsche wurde ich gedrängt,

39 Den Ausdruck »gemeinsam altern« (*growing older together*) entnehme ich der Sozialphänomenologie von Alfred Schütz, der ihn verwendet, um zu beschreiben, wie die Mitglieder einer Gemeinschaft, etwa Eltern und Kinder, »an der Biographie der jeweils anderen beteiligt sind«. Alfred Schütz, *Collected Papers I: The Problem of Social Reality*, Den Haag 1962, S. 16 f.
40 Dewey, *Demokratie und Erziehung*, S. 62.

Tonleitern und Arpeggios zu üben. Diese Übung war ohne jeden melodischen Reiz – die Tonleitern und Arpeggios sollten gleichmäßig und ausdruckslos gespielt werden. Nur wenn ich mich diesen mechanischen Übungen unterzöge, so wurde mir gesagt, bestünde Hoffnung, dass ich vielleicht irgendwann einmal die Virtuosität und Freiheit des Ausdrucks erlangte, die den Meistern meines Instrumentes gegeben sei. Selbstverständlich habe ich mich diesem Regiment so schnell wie möglich entzogen und seitdem viel musikalischen Genuss aus meinem ungleichmäßigen, aber dafür umso animierteren Spiel gezogen. Dieser paradoxe Appell an Freiheit und Determinismus steht in eklatantem Widerspruch zu Deweys Forderung nach einer Erziehung, die auf das Wachstum der in Gemeinschaft lebenden Menschen ausgerichtet ist. Hält vielleicht gerade das Ideal der Aufklärung das Übermittlungsmodell am Leben? In der Geschichte der Anthropologie zeichnen sich Hinweise auf mögliche Antworten ab.

Die Behauptung, die Anthropologie habe sich lange mit dem Begriff der Kultur schwergetan, ist gelinde gesagt eine Untertreibung. Das Problem besteht darin, dass ein und dasselbe Wort, mit dem man im eigenen Umfeld die Verfeinerung des Geschmacks und der Sitten preist, üblicherweise auch für das Erbe der sogenannten ungebildeten Völker verwendet wird, deren Denken und Verhalten angeblich den strengen Vorgaben der Tradition folgt.[41] Historisch gesehen ist die Anthropologie von einem Extrem in das andere verfallen: nämlich von der berühmten Definition, mit der Edward Burnett Tylor sein Buch *Primitive Culture* von 1871 eröffnete, worin »Kultur oder Zivilisation« als die Gesamtheit dessen bestimmt wurde, was »der Mensch als Mitglied der Gesellschaft erworben hat«, in jene, mit der Robert Lowie

41 In dem erstmals 1975 veröffentlichten Buch *The Invention of Culture* liefert Roy Wagner eine typische Erklärung dafür, wie jedes Verständnis von Kultur das jeweils andere aus sich hervortreibt. Roy Wagner, *The Invention of Culture*, Chicago (IL) 2016 [1975], S. 21–27.

in seiner *History of Ethnological Theory* von 1937 scheinbar an die Definition Tylors anknüpfte. Bei Lowie war aus Kultur allerdings »die Gesamtheit dessen [geworden], was ein Individuum von seiner Gesellschaft übernimmt [...], nicht nur im Sinne der eigenen kreativen Leistungen, sondern als Vermächtnis der Vergangenheit«.[42] Für Tylor war *die* Kultur (stets im Singular und gewissermaßen in Großbuchstaben) der große Zivilisationsprozess, durch den sich die Menschheit kontinuierlich selbst – in den verschiedenen Nationen in unterschiedlichem Maße – vom kruden Aberglauben zu Vernunft und Aufklärung erhob. Lowie hingegen begriff Kultur als eigentlich willkürliche Diversität habitueller Lebens- und Denkweisen, die von ihren zahlreichen Trägern umstandslos aufgesogen wird. Die Gesamtheit der menschlichen Kultur, die Tylor ein »komplexes Ganzes« genannt hatte, bezeichnete Lowie dann bekanntlich als »planloses Durcheinander«.[43] Der Unterschied zwischen ihren jeweiligen Definitionen war davon abhängig, was es eigentlich heißen sollte, dass Kultur »erworben« wird. Tylors »Mensch in der Gesellschaft« bringt sich selbst voran, indem er sein Wissen durch intellektuelles Nachforschen aktiv erweitert. Lowies »Individuum« hingegen ist seiner Kultur ausgesetzt: Es saugt sie einfach auf und übernimmt ihr Erbe damit als ein geschlossenes Ganzes. Einiges spricht allerdings dafür, dass genau das Projekt der (großgeschriebenen) Kultur die vermeintliche Schwerfälligkeit der kulturellen Tradition hervorgebracht hat. Der »Mensch in der Gesellschaft«, der den Gipfel erklimmt und die Landschaft der Menschheit von seinen olympischen Höhen aus vermisst, sieht unter sich nur noch das »Durcheinander« der Individuen, die in ihren unterschiedlichen Lebensweisen gefangen, den Vermächtnissen der Vergangenheit ausgeliefert und mangels

42 Vgl. Edward B. Tylor, *Primitive Culture* (2 Bde.), Bd. 1, London 1871, S. 1; Robert H. Lowie, *The History of Ethnological Theory*, London 1937, S. 3.
43 Robert H. Lowie, *Primitive Society*, London 1921, S. 428.

kreativer Energien nicht in der Lage sind, aus ihnen auszubrechen. Wir verfügen über Kultur, sie aber nicht, weil von der Kultur über sie verfügt wird, nicht aber über uns.

Dieselbe Heuchelei findet heutzutage ihre Fortsetzung in den Debatten um »Wissenschaft« und »traditionelles Wissen«. Dank der gemeinsamen Kraftanstrengungen von Anthropologen und ihren Beratern hat sich mittlerweile die Erkenntnis durchgesetzt, dass die Menschen, die noch auf dem Land und von diesem Land leben, aber möglicherweise wenig »westliche« Bildung genossen haben, ein umfangreiches, detailliertes und exaktes Wissen von ihrer jeweiligen Umwelt besitzen. Ihr Wissen wird nicht nur im Zusammenspiel der aufeinander folgenden Generationen gepflegt und vermehrt, sondern auch im Austausch mit Tier, Pflanze und Land. Selbst Wissenschaftlern, die das Wissen der Ureinwohner früher als wertlos abgetan haben, weil es ihnen zu subjektiv, konkret und anekdotisch erschien, ist mittlerweile dessen potentielle Bedeutung klargeworden. Was die Wissenschaft aber immer noch nicht zu fassen vermag, ist das Wesen dieses Wissens. Denn das Projekt der Wissenschaft, im Sinne einer Wissensaneignung durch empirische Forschung und rationale Analyse, produziert zugleich ihr Gegenteil, nämlich ein Wissen, das sich eben nicht auf Fakten oder auf die Vernunft, sondern auf das Erbe der Tradition beruft. Alle Wissensformen, die nicht dynamisch und unabgeschlossen sind, deutet die wissenschaftliche Imagination nämlich zu vorgestanzten Schemata um, die mit der Autorität unvordenklicher Zeiten kritiklos weitergegeben würden. Obwohl man den Menschen also ein Wissen zugesteht, geht man nicht davon aus, dass sie sich dieses Wissens bewusst sind. Auch wissen sie angeblich nichts darüber, wie sich ihr Wissen (sozusagen hinter ihrem Rücken) – über zahllose Generationen und fehlkopierte Übermittlungen, durch »Unfälle« bei der Rekombination und eine Art des »Aussiebens« in Abhängigkeit davon, welche Alternative die Träger des Wissens mit höherer Wahrscheinlichkeit zu einem Verhalten bringen kann, das den Fortbestand der Art garantiert – so gut an ihre jeweiligen Lebensbedingungen anpassen konnte. Die Kultur, so erklären uns die Wissenschaftler (als wäre dies eine großartige Entdeckung und nicht einfach das Spiegelbild ihrer eigenen Vernunft), passt sich auf ähnliche Weise an, wie dies im Reich der Biologie mittels natürlicher Selektion geschieht – durch Variation! Doch die Anpassungsfunktion des sogenannten traditionellen Wissens und die selektiven Kräfte, die es hervorgebracht haben, sind diesem Narrativ zufolge nur den Wissenschaftlern bekannt, auf deren Theorien das Modell zurückgeht, nicht aber den Menschen, deren Schicksal es zu sein scheint, dieses Wissen ihr Leben lang anzuwenden.[44]

Traditionelles Wissen ist also, kurz gesagt, eine Erfindung der wissenschaftlichen Vernunft, die genau dem Anspruch der Wissenschaft entspringt, dieses Wissen überwunden zu haben. Seine Assimilierung zu einem »Kulturtyp« ist eine Form der Verhaltensrationalisierung, die streng analog der entsprechenden genotypischen Rationalisierung im Bereich des Organischen vorgenommen wird. Genotyp und Kulturtyp verdanken sich, wie wir gesehen haben, gleichermaßen einem genealogischen Modell, das Wachstum und Entwicklung durch die Dichotomie von Vernunft und Vererbung ersetzt. Auf der einen Seite der Dichotomie stehen Wissenschaftler und Menschen *mit* KULTUR; auf der anderen Seite die Hüter des traditionellen Wissens, die *in* ihre Kultur eingelassenen sind. Und wenn letztere, die keine Ahnung davon haben, was sie wissen, den Rubikon zwischen Tra-

44 Der Fundus kritischer Literatur über Wissenschaft und traditionelles Wissen ist immens. Als Beispiele seien hier genannt: Arun Agrawal, »Dismantling the divide between indigenous and scientific knowledge«, in: *Development and Change* 26 (1995), S. 413–439; Julie Cruikshank, *The Social Life of Stories: Narrative and Knowledge in the Yukon Territory*, Lincoln 1998, S. 45–70; Tim Ingold/Terhi Kurttila, »Perceiving the environment in Finnish Lapland«, in: *Body and Society* 6, 3–4 (2000), S. 183–196; sowie Paul Nadasdy, *Hunters and Bureaucrats: Power, Knowledge and Aboriginal-State Relations in the Southwest Yukon*, Vancouver 2003.

dition und Vernunft überqueren, sind sie paradoxerweise darauf angewiesen, dass die Wissenschaft ihnen ihr eigenes Wissen neu beibringt, dass sie es ihnen noch einmal in abstrakten Begriffen erklärt, damit sie lernen, es als Mittel der rationalen Verfügung zu gebrauchen, um sich so von den Schlacken ihrer Vergangenheit zu befreien. Die Paradoxie beschränkt sich aber nicht auf den seltsamen Dialog zwischen Wissenschaft und traditionellem Wissen. Sie ist auch in den pädagogischen Diskursen von heute zu finden, wo derselbe Rubikon die Naivität der Kindheit von der erwachsenen Intelligenz scheidet. Wir sind überzeugt, dass man Kinder erziehen muss, damit sie von dem einen Zustand in den anderen überwechseln können. Zu diesem Zweck muss ihnen die Welt, die sie aus der Erfahrung kennen, in rationalisierter Form zurückgegeben werden, als ein System aus Regeln und Prinzipien bzw. als das, was man früher einmal *Grundlagen* nannte. Ihrer umweltspezifischen Variation entkleidet, werden diese Grundlagen den Schülern so übermittelt, als kartographierten sie einen bereits bekannten Kontinent, um ihnen ein territoriales Fundament für ihren Aufstieg zur Vernunft zu geben. Wir glauben, dass die Welt denjenigen, die uns beerben, erklärt werden muss, damit sie sich möglichst von ihren Determinanten befreien können, doch im Rahmen dieses Erklärungsprojekts drängen wir sie – die Ureinwohner nicht anders als die Kinder – in die Rolle von Wesen mit unterlegener Intelligenz, die sich zwangsläufig auf das verlassen müssen, was ihnen übermittelt wird, weil sie noch nicht fähig sind, die Dinge eigenständig herauszufinden.[45] Diese Logik von Vernunft und Vererbung ist allerdings in keiner Weise geeignet, eine Ungleichheit der Intelligenz zu überwinden; sie reproduziert sie vielmehr.

45 Dieses Argument entfaltet der Philosoph Jacques Rancière, auf den wir noch zurückkommen werden. Jacques Rancière, *Der unwissende Lehrmeister. Fünf Lektionen über die intellektuelle Emanzipation*, Wien 2018 [1987].

In der pädagogischen Phantasie erscheint die menschliche Kultur als riesengroße Pyramide. An ihrer Spitze prangt, einzigartig und strahlend, die Stimme der Vernunft. In ihrem Universalitätsanspruch ist die Vernunft unempfindlich für die abweichenden Erfahrungen derjenigen, die in ihrem Namen sprechen. Jenseits aller Erfahrung spricht sie mit einer und immer nur einer Stimme, und alle, die mit ihr sprechen, sind deshalb auch austauschbar.[46] Am unteren Ende der Pyramide drängeln sich Schwärme gemischter Meme um Trägerpersonen, in deren Münder sie ihre sprichwörtlichen Äußerungen stecken, in deren Hände sie ihre vorgestanzten Entwürfe legen werden. Auch diesen Trägerpersonen mangelt es in jeder Hinsicht an einer Stimme, die sie ihr Eigen nennen könnten. Sie sind nichts als Vektoren, deren Funktion es ist, die Meme, mit denen sie sich infiziert haben, in die Welt zu verbreiten – und ein jeder, der sich dasselbe Mem eingefangen hat, wird genau dasselbe sagen. Sie sprechen nicht für sich, sondern für die Kultur. Für die Pädagogik ist die Welt im Grunde ein Marionettentheater: in dem die Vernunft als oberste Puppenspielerin die Fäden zieht; und unten eine – aus den Elementen der übermittelten Tradition – zusammengewürfelte Darstellerschar dazu bestimmt ist, nach ihrer Pfeife zu tanzen. »So entdeckt die Vernunft«, wie der Philosoph Michel Serres ironisch feststellt, »unter ihren Schritten bloß ihre eigene Regel«.[47]

Nehmen wir zum Beispiel den Lehrsatz des Pythagoras, dass die Hypotenuse zum Quadrat gleich der Quadrat-

46 Die Gemeinschaft der Vernunft, wie es Biesta ausdrückt, »ist durch eine gemeinsame Sprache und eine gemeinsame Logik begründet. Sie gibt uns eine Stimme, aber nur eine repräsentative Stimme. […] Auch wenn es nicht egal ist, *was* wir sagen, ist es egal, *wer* es sagt, weil wir in der Vernunftgemeinschaft austauschbar sind«. Biesta, *Beyond Learning*, S. 62; Hervorhebung im Original.

47 Michel Serres, *Troubadour des Wissens*, Zürich 2015, S. 7.

summe der gegenüberliegenden beiden Seiten ist. Mit dem Namen Pythagoras ist er nur zufällig verknüpft, denn in der Pädagogik steht der Name nicht mehr für die vom Schleier der Vergangenheit verhüllte reale historische Person, sondern für die Quintessenz der abstrakten mathematischen Vernunft, der das Theorem ein ewiges Denkmal setzt. Und diesen Zweck könnte im Prinzip jeder x-beliebige Name erfüllen. Was aber haben wir uns unter einer »Hypotenuse« vorzustellen? Wie oft verwenden wir den Terminus in unserem Alltag? Für die meisten von uns ist das Gesetz des Pythagoras eben eine der Sachen, die wir für die Schule auswendig gelernt haben. Es ist eine Übermittlungsformel, kein Vernunftausweis; und wenn wir es als eine solche empfangen und auf Nachfrage reproduzieren, werden wir lediglich in unserem Eindruck bestärkt, mindestens im Vergleich zu den Mathematikern Wesen minderer Intelligenz zu sein. Die Tatsache, dass das Gesetz ein so esoterisches Wort wie »Hypotenuse« beinhaltet – ein Wort, von dem heutzutage außerhalb der geschlossenen Welt des Theorems und seines Abgefragtwerdens kaum je die Rede ist –, bestätigt nur, wie weit es von jeder Alltagserfahrung entfernt ist. Das Gesetz, so formuliert es Dewey, »existiert in einer abgetrennten Welt, wird in die allgemeinen Denk- und Ausdrucksgewohnheiten nicht einbezogen«.[48]

Erinnern wir uns, dass Dewey der Auffassung war, wir sollten zum besseren Verständnis von Erziehung nicht bei der Schule, sondern beim Leben ansetzen. Das Problem mit der schulischen Erziehung war nämlich seines Erachtens, dass sie den Lehrstoff vom Schmelztiegel der gelebten Erfahrung, der reales Wissen produziert, isoliert. Dadurch wird das Wissen zu Informationen verkürzt, die mittels verbaler und anderer symbolischer Formen transportiert werden. Für all diejenigen, die nicht die Möglichkeit haben, sich an den Praktiken zu beteiligen, die deren Bedeutungen

48 Dewey, *Demokratie und Erziehung*, S. 24.

in irgendeiner fernen Vergangenheit und an irgendeinem fernen Ort einmal hervorgebracht haben, sind Letztere tendenziell verloren. Hypotenusen mögen für die Baumeister der griechischen Antike Teil einer Alltagssprache gewesen sein, für die Schulkinder von heute sind sie es nicht mehr. Sollten Schulen zunehmend eine so isolierte Form der Informationsübermittlung betreiben, dann, so warnte Dewey, bestünde die Gefahr, dass die schulischen Lehr- und Lerninhalte ihren Alltagsbezug verlören. Das wiederum könnte zu einer Entzweiung zwischen technischer Exzellenz und Alltagswissen führen; die Bildungslandschaft wäre dann nicht länger ein Kontinuum der Variation, sondern nähme die Gestalt einer homogenen, isotropen Basis des Common Sense an, auf der Leuchttürme von Expertenwissen in den Himmel ragen.[49] Wenn man sich die Lage hundert Jahre nach Dewey vergegenwärtigt, ist unübersehbar, dass sich seine Vorhersage auf katastrophale Weise bewahrheitet hat.

Falsch wäre es nun wiederum, ins andere Extrem zu verfallen und sich eine Gesellschaft ohne Schulen zu wünschen. Wir scheinen in einem Teufelskreis gefangen: Vielleicht brauchen wir die Schulen nur, weil es sie eben gibt und wir eine Gesellschaft auf den Qualifikationen errichtet haben, die man ausschließlich in Schulen erwirbt. Und auch wenn wir uns die Falle selbst gestellt haben, können wir doch ebenso wenig in eine imaginäre Vergangenheit zurück, in der sich alles, was es zu wissen gab, durch die Teilnahme am Gemeinschaftsleben erlernen ließ. Es ist unmöglich herauszufinden, ob das wirklich jemals der Fall war; heute mindestens ist es nicht mehr so. Die Welt, in der wir leben, ist so komplex und stellt so unterschiedliche Anforderungen an ihre Bewohner, dass irgendeine Form von schulischer Institution unerlässlich ist. Und außerdem: Wenn eine formale Schulbildung für manche verfügbar und notwendig ist, dann muss sie es für alle sein, weil andern-

49 Ebd., S. 24f.

falls alle, denen sie nicht zur Verfügung steht, dauerhaft im Nachteil wären; sie hätten nicht die gleichen Chancen wie ihre Zeitgenossen mit Schulbildung. Die Frage ist also nicht, das hat Dewey unmissverständlich klargestellt, wie sich die Schule abschaffen lässt, sondern wie man ein gutes Gleichgewicht zwischen formeller und informeller Bildung schafft.[50] Und genau wie für uns heute bestand auch für ihn kein Zweifel daran, dass das gesamte System auf katastrophale Weise zugunsten der formellen Bildung aus dem Gleichgewicht geraten ist.

Eine Folge dieser Schieflage ist die Tendenz, Bildung und Erziehung ausschließlich in pädagogischen Begriffen zu konzipieren und Symbolisierungsfähigkeiten, die man exklusiv dem Menschen zuschreibt, als deren Vorbedingung anzusehen. Aus diesem Grund sind Anthropologen, die in Gesellschaften ohne Schulen arbeiten, geneigt, Bildung und Erziehung in der Übermittlung symbolisch kodierter Informationen zu suchen, etwa im Kontext des *storytelling*. Dabei gehen sie davon aus, dass die zunächst im Besitz der Älteren befindlichen Informationen sukzessive an die Jüngeren weitergegeben werden, die von der Natur mit den geistigen Anlagen ausgestattet wurden, um diese Informationen aufzufassen. Das ursprüngliche Gefälle zwischen Jüngeren und Älteren soll auf diese Weise nach und nach eingeebnet, die Jüngeren auf das Niveau der Älteren gehoben werden, und dieser Prozess wiederhole sich dann in der nächsten Generation. Das soziale Leben aber wäre armselig, wenn es tatsächlich so liefe – wenn der einzig mögliche Unterschied zwischen den Generationen in Graden der Vererbung bzw. der größeren oder geringeren Aneignung eines vorgängig existierenden Repertoires bestünde. Es

50 »Eines der gewichtigsten Probleme, mit denen die Philosophie der Erziehung zurechtkommen muss, ist die Art und Weise, wie sich ein angemessenes Gleichgewicht zwischen dem Informellen und dem Formellen, dem Zufälligen und dem Beabsichtigten finden lässt«. Ebd., S. 25.

wäre vollkommen von seinen Wurzeln abgeschnitten und zur Wiederholung des ewig Gleichen verdammt, aus dem allein zufällige Übermittlungsfehler einen Ausweg versprächen. Doch trotz ihres lähmenden Effekts beherrschen die Metaphern von Übermittlung und Vererbung nach wie vor unser Denken, und zwar nicht nur in der Anthropologie, sondern in den Humanwissenschaften insgesamt. In diesen Metaphern kommt keinerlei Anerkennung von Differenz zum Ausdruck: Nein, sie bilden Differenz bestenfalls als Grade des Unwissens, als falsche oder irrationale Überzeugungen ab; diesen setzen sie anschließend die Allwissenheit der wissenschaftlichen Vernunft entgegen, die den Prozess des *commoning* beenden und alle Differenzen ausradieren würde, wenn sie nur die Macht dazu besäße.

Mit Dewey habe ich im Vorangegangenen gegen die Dichotomie von Vernunft und Vererbung argumentiert, dem das herrschende Modell der Pädagogik verpflichtet ist. Dieses Modell treibt in Wirklichkeit einen Keil zwischen die Formen der Erkenntnis und das von ihnen transportierte Wissen. *Wer* etwas weiß, ist das eine, der Inhalt des Gewussten aber etwas ganz Anderes. Die Pädagogik beglaubigt so ihre eigene Methode, die sich im Prinzip vollkommen unabhängig vom Wer und Was der Bildung oder Erziehung ausbuchstabieren lässt. Es ist letztlich eine Methode der Übermittlung, deren Erfolg sich nicht daran bemisst, wie wirksam sie Personen oder ihr Wissen wachsen lässt, sondern wie effizient sie einen präexistenten Inhalt von einem Kopf in den anderen transkribiert. Meine Überzeugung ist es hingegen, dass Bildung und Erziehung nicht in erster Linie mittels Pädagogik stattfinden, sondern als teilnehmende Praxis: nicht durch die Art und Weise, wie Personen und Dinge in ihrer Abwesenheit symbolisch repräsentiert werden, sondern dadurch, wie sie in der Korrespondenz des sozialen Lebens füreinander gegenwärtig und verantwortlich gemacht werden. Wissen entfaltet sich in den Bahnen der Korrespondenz: durch das *commoning*, an dem alle teilhaben; und in der Variation, durch die ein jeder zu sich selbst kommt. Jede Art zu wissen ist folglich eine unterscheidbare Lebenslinie, ein einzigartiger Lebenslauf. Wissen zu erwerben gehört, so kann man daraus folgern, ganz wesentlich dazu, die Person zu werden, die man ist. Mit anderen Worten ist es *Ihr* Geist, der denkt, wenn Sie denken, und nicht der eines anderen; es ist *Ihre* Stimme, mit der Sie sprechen (wenn Sie sprechen); *Ihre* Hand, mit der Sie schreiben. Demokratische Erziehung ist kurzum nicht die Produktion von Anonymität, sondern von Differenz. Sie ist nicht etwas, was uns zu Menschen macht, denn als Kinder von Mann und Frau sind wir von Geburt an Menschen. Sie ist das, was es uns Menschen erlaubt, kollektiv – auf unsere je eigene Weise – wir selbst zu werden. Sie ist kein Prozess der Menschwerdung, sondern ein Prozess des *menschlichen Werdens*. Und das heißt, wie ich im nächsten Kapitel zeigen möchte, dass wir Erziehung nicht länger als Methode der Übermittlung, sondern als Praxis der Aufmerksamkeit begreifen sollten.

Für Aufmerksamkeit

Das Prinzip der Gewohnheit

Wir Menschen leben nicht einfach unser Leben. Wir führen es. Das ist der Unterschied zwischen *bios* und *zōē*, zwischen einem als Geschichte gelebten und einem in die Zyklen der Natur eingebundenen Leben.[1] Ob auch nichtmenschliche Tiere, mindestens einige Arten von ihnen, ihr Leben führen können, ist eine Frage, die wir derzeit noch nicht mit Gewissheit beantwortet können, und auch wenn sie hochinteressant und wichtig ist, werde ich ihr an dieser Stelle nicht weiter nachgehen. Was mich im Moment beschäftigt, ist der Unterschied zwischen beidem, worin also das Führen des Lebens das Leben des Lebens übersteigt, und nicht die Frage, wo wir die Grenze zwischen den Geschöpfen, die ihr Leben führen, und denen, die einfach leben, ziehen sollten. Ich möchte wissen, was es heißt, ein Leben zu führen, in welchem Sinn es über das hinausgeht, was vorgängig existiert, in welchem Sinn es Vergangenheit und Zukunft hat und einen Begriff von der eigenen Richtung. Dafür, so glaube ich, ist der Terminus der Erziehung grundlegend. Das deutsche Fremdwort »Edukation«, genau wie das englische *education*, leitet sich von dem lateinischen Verb *ducere*, »führen«, ab, obwohl die Bedeutung des Präfixes »e« eine etwas kompliziertere Angelegenheit ist, auf die ich später noch zurückkommen werde. Im letzten Kapitel habe ich zu zeigen versucht, dass es beim Führen eines Lebens nicht um Übermittlung geht. Ganz im Gegenteil erstickt Über-

1 Ich knüpfe hier an Hannah Arendts Überlegungen zum Sinn des Lebens an. Hannah Arendt, *Vita activa oder Vom tätigen Leben*, München 1967 [1958], S. 89 f. Siehe auch: Tim Ingold, *The Life of Lines*, Abingdon 2015, S. 125–129.

mittlung das Leben, beschränkt es auf die Replikation vorgängig existierender Routinen. Sie ist bestenfalls eine Spielart der Abrichtung, aber keine Erziehung. In diesem Kapitel nun möchte ich die These stark machen, dass es *Aufmerksamkeit* ist, die den Unterschied zwischen Lebensführung und schlichtem Lebensvollzug ausmacht.

Wie bei der »Edukation« lohnt es sich, einen Blick auf die etymologische Herkunft des Wortes zu richten, die wir auch in diesem Fall dem Lateinischen verdanken. Das englische (französische, spanische, italienische …) Wort für Aufmerksamkeit, *attention* kommt von *ad-tendere*, was wörtlich bedeutet, sich in Richtung von … (*ad*) zu strecken, dehnen oder spannen (*tendere*). Dieser Lebens-Spannung versuche ich auf die Spur zu kommen. Intuitiv wissen wir alle, was das bedeutet: etwa, wenn wir uns bemühen, ein Geräusch in der Ferne zu hören. Obwohl das Geräusch in einem rein mechanischen Sinne unser Ohr erreicht, das fest an unserem Kopf angewachsen ist, haben wir doch das Gefühl, dass wir es sind, die uns der Geräuschquelle entgegenstrecken, so als wäre der ganze Körper ein elastisches Ohr, das als derart gespanntes die Anstrengung der Dehnung spürt. Wir sagen, dass wir nicht nur hören, sondern aktiv *zuhören*.[2] Diese Attentionalität (*attentionality*)[3] ist eine mögliche Bedeutung des *ad-tendere*; das englische *attending* hat nun allerdings noch eine ganze Reihe anderer Bedeutungen, die für das, was ich sagen möchte, ebenfalls wichtig sind.[4] Dazu

2 Zu der Unterscheidung zwischen Hören und Zuhören vgl. George Home-Cook, *Theatre and Aural Attention: Stretching Ourselves*, Basingstoke 2015, S. 24–29. Vgl auch: Tim Ingold, *The Perception of the Environment: Essays on Livelihood, Dwelling and Skill*, London 2000, S. 277.

3 Ein von Ingold der »Intentionalität« (*intentionality*) nachgebildetes Kunstwort, das seine Überzeugung eines gewohnheitsdurchwirkten Willens oder Bewusstseins zum Ausdruck bringen soll, Anm. d. Ü.

4 Die etymologischen Pfade, die der Autor hier im semantischen Feld von *attention* (Aufmerksamkeit) – *attend to* (erledigen, besorgen, kümmern, teilnehmen etc.) – *attentionality* (gewohnheitsdurchwirktes Bewusstsein) verfolgt, lassen sich nachzeichnen und in gewissem Umfang

gehören beispielsweise: auf eine Art und Weise für Menschen oder Dinge *Sorge zu tragen*, die ebenso praktisch wie pflichtgemäß ist; in Erwartung eines Gerufenwerdens oder einer Aufforderung zu *warten*; *anwesend bzw. gegenwärtig zu sein* oder zum Vorschein zu kommen, wie etwa bei einem Ereignis; mit anderen *mitzugehen*, i. S. v. sich ihnen anzuschließen oder sie zu begleiten. Über all diese Bedeutungen hinaus möchte ich der Lebens-Spannung noch eine zusätzliche – zeitliche – Bedeutung geben, der zufolge das Leben nicht nur als *bios* im Hier und Jetzt gelebt wird, sondern im Eingedenken der Zukunft, durch das jeder Gegenwartsmoment zu einem Neuanfang werden kann. Für diese imaginative Erinnerung oder mnemonische Einbildung möchte ich den Begriff des »Sehnens« (*longing*) einführen – nach meinem Verständnis ein weiteres Wort für das sich an einer (Lebens-)Linie entlang Dehnen, Strecken oder Spannen.

Zunächst einmal aber kehren wir zu John Dewey zurück, um zu hören, was er vor allem in seinem späten Werk *Kunst als Erfahrung* über die Kontinuität des Lebens ausgeführt hat.[5] Hier erörtert er in aller Ausführlichkeit die Bedeutung zweier Begriffe, die auch für meine Argumentation entscheidend sein werden, nämlich »Tun« (*doing*) und »Erleben-Erleiden« (*undergoing*).[6] In jeder Erfahrung, so Dewey, muss es Elemente von beidem geben. Die Schwierigkeit besteht darin, sich über ihr Verhältnis klar zu werden, denn in der Wahrnehmung dieses Verhältnisses liegt die

mit der deutschen Begrifflichkeit vermitteln, nicht aber im strengen Sinne übersetzen, Anm. d. Ü.

5 John Dewey, *Kunst als Erfahrung*, Frankfurt a. M. 1980. Diese Arbeit wurde zum ersten Mal 1934 veröffentlicht.

6 Ebd., S. 47–66. Das Begriffspaar heißt hier »Tun« und »Erleben«, an anderen Stellen der deutschen Dewey-Übersetzung auch »Tun« und »Erleiden« (S. 122), »Tun« und »Empfangen« (S. 58) oder »Handeln« und »Hinnehmen« (S. 57). Um die Polarität bzw. das Zusammenspiel von aktiven und passiven Momenten der Erfahrung abzubilden, wird der passive Pol des *undergoing* (vs. aktives *doing*) im Folgenden zumeist als »Erleben-Erleiden« wiedergegeben, Anm. d. Ü.

Leistung des Bewusstseins. Sie können sich nicht einfach abwechseln, denn dann gäbe es keine Erfahrungs*muster*: Erfahrung wäre nichts weiter als eine Reihe unzusammenhängender Episoden. Für Dewey aber ist es wichtig, dass das Leben zumeist nicht episodisch, sondern im Großen und Ganzen kontinuierlich verläuft. Der Grund dafür ist eben die Tatsache, dass sich Erleben-Erleiden nicht auf Tun reduziert, sondern jedes Tun transzendiert. Die Handlungen, die wir in der Welt vollziehen – die Dinge, die wir tun –, nehmen sich deshalb selbst auf und gewinnen ihre Bedeutung zum Teil aus dem, was wir im Laufe früheren Tuns bzw. unter den Umweltbedingungen, die dieses Tun hervorgebracht hat, erlebt haben. Und unser Erleben-Erleiden jedes gegenwärtigen Handlungsvollzugs sowie seiner Umweltfolgen wirken sich dann wiederum auf unser weiteres Tun aus. Der Lebensprozess besitzt, um Dewey an dieser Stelle ausführlich zu zitieren,

> »Kontinuität, weil er ein Prozeß ist, in dem das Einwirken auf die Umwelt zusammen mit der Schaffung von Beziehungen zwischen dem, was getan, und dem, was erfahren wird, immerfort erneuert wird. [...] Die Welt, die wir erfahren haben, wird zu einem Bestandteil des Ich, der in der weiteren Erfahrung fortwirkt und auf den eingewirkt wird. In ihrer physischen Erscheinung gehen die Dinge und Ereignisse der Erfahrung vorüber und verschwinden. Doch etwas von ihrer Bedeutung und ihrem Wert wird als integrierter Bestandteil des Ich beibehalten. Durch Gewohnheiten, die sich im Umgang mit der Welt heranbilden, bewohnen wir die Welt. Sie wird zum Zuhause, und das Zuhause ist Teil unserer Gesamterfahrung.«[7]

7 Ebd., S. 122 f.

Neben »Tun« und »Erleben-Erleiden«[8] führt Dewey an dieser Stelle einen weiteren Begriff ein, auf den sich meine Argumentation im Folgenden wesentlich stützt: »Gewohnheit«. Dieser Terminus ist durch und durch zweideutig. Üblicherweise bezeichnet er sowohl das, was Menschen dazu bringt, etwas Bestimmtes zu tun, als auch das, was sich bei ihnen selbst infolge ihres wiederholten Tuns herauskristallisiert.[9] Bilden wir eine Gewohnheit aus, oder bildet die Gewohnheit uns aus? Stehen wir sozusagen vor der Gewohnheit oder hinter ihr? Weder noch, sagt Dewey: Wir stehen mittendrin. Theoretisch löst er die Doppeldeutigkeit dadurch auf, dass er die Vorstellung von Ursache und Wirkung durch die Idee des Prozesses ersetzt. Gewohnheit ist für Dewey deshalb weder Produzent noch Produziertes, sondern das *Produktionsprinzip*, durch das ein seine Praktiken bewohnendes Selbst rekursiv hervorgebracht wird. So gesehen ist die Gewohnheit das, was das Erleben-Erleiden zur Aufgabe des Tuns beisteuert. In einer seiner letzten schriftlichen Einlassungen zum Thema Erziehung – in den Vorlesungen *Experience and Education* aus dem Jahr 1938 – kommt Dewey auf die Frage der Gewohnheit zurück. In dem Bemühen, die Gewohnheit als *Prinzip* von *einer Gewohnheit* in dem Sinne zu unterscheiden, wie wir sie typischerweise als festgelegte und abgeklärte Form begreifen, die Dinge zu tun, erklärt Dewey, dass diesem Prinzip zufolge

> »jede aktiv und passiv gemachte Erfahrung denjenigen, der handelt und erlebt, verändert, während diese Veränderung, ob wir es wollen oder nicht, die Qualität der folgenden Erfahrung modifiziert. Denn die Person, die diese machen wird, ist nun eine etwas andere geworden.«[10]

8 In der vorliegenden Dewey-Übersetzung »Erfahren«, Anm. d. Ü.

9 Ich verweise auf die Diskussion der mannigfaltigen Bedeutungen von »Gewohnheit« bei Clare Carlisle, *On Habit*, Abingdon 2014.

10 John Dewey, *Experience and Education*, New York 2015, S. 35.

Ein weiteres Mal bestimmt Dewey Erfahrung als das Zusammenspiel von Tun und Erleben-Erleiden. Und erneut ist es ein spezifisches Verhältnis zwischen beiden, das Gewohnheit definiert, wobei alles Tun vom Erleben-Erleiden getragen wird. Um die Tragweite dieses Prinzips zu ermessen, müssen wir uns vorstellen, welche Folgen es hätte, das Verhältnis umzukehren. Was würde geschehen, wenn jedes Erleben-Erleiden von einem Akt des Tuns getragen wäre, und nicht umgekehrt? Die Verkehrung würde nämlich zu einem Prinzip führen, welches das genaue Gegenteil des Gewohnheitsprinzips wäre: Wir könnten es als *Prinzip des Willens* bezeichnen. Diesem Prinzip zufolge würde jeder Akt eine Intention verwirklichen, die man ihm willentlich vorangestellt hätte. Das Tun würde hier seinen Ausgang nehmen, nämlich mit der Intention im Kopf eines Akteurs, und dort enden, nämlich mit der innerweltlichen Verwirklichung dieser Intention. Zwischen Anfang und Ende gäbe es gewiss Dinge, die der Handelnde erleben müsste – und gegebenenfalls nicht nur der Handelnde, sondern auch andere seinem Kommando unterstellte oder an seinem Projekt beteiligte Personen. Alle wären gezwungen, dessen Auswirkungen zu ertragen, und würden möglicherweise durch sie verändert. Solange das Erleben-Erleiden aber im Tun eingeschlossen ist, wird es passiv ertragen, weil das aktive Moment des Verhaltens durch seine Zwecke oder Finalitäten definiert ist. Tun und Erleben-Erleiden werden, kurz gesagt, unter dem Prinzip des Willens auf die entgegengesetzten Seiten einer Spaltung verteilt: aktiv und passiv, Handlungsmacht (*agency*) und Duldsamkeit (*patiency*).

Unter dem Prinzip der Gewohnheit hingegen löst sich dieser Gegensatz auf. Hier ist Erleben-Erleiden das, was einer tut, und Tun das, was einer erlebt und erleidet. Aktives Erleben-Erleiden verarbeitet unaufhörlich die Ziele des Tuns und setzt sie als reines Beginnen frei. In Deweys Worten ist das Verarbeiten ein »Empfangen«, das Freisetzen ein »Ausstrahlen«. Was er »die Phase der passiven Hinnahme« nennt, auch wenn sie einerseits »Preisgabe« beinhaltet, bedeutet folglich, dass andererseits »Energie ausgestrahlt wird, um Energie zu empfangen; sie bedeutet kein Zurückhalten von Energie«. Wären wir im Verlaufe einer Erfahrung nur passiv, dann würden wir von ihr überwältigt und könnten nicht mehr auf sie reagieren. »Um aufzunehmen [sic!] müssen wir Energie aufbringen und sie auf die entsprechende Wellenlänge einstellen«, so führt Dewey weiter aus.[11] Ich möchte dieses Aufbringen und auf eine Wellenlänge Einstellen als »Korrespondenz« (*correspondence*) fassen – ein weiterer Begriff, auf den sich meine Argumentation im vorliegenden Kapitel maßgeblich stützen wird. Durch Korrespondenz werden wir nicht so sehr von außen verändert, als von innen heraus transformiert. Das Tun hat seinen Ort *innerhalb* des Erleben-Erleidens. Dadurch zeichnet es sich als ein Vollzug (*enactment*) von *Erfahrung* aus, denn eine Erfahrung zu vollziehen heißt, immer schon *in* ihr zu sein, sie zu *bewohnen*. Im Tun des Erleben-Erleidens (indem wir Erleben-Erleiden aktiv vollziehen), leben wir in der Welt oder bewohnen die Welt, wie Dewey feststellte. Und die Hypothese, die ich auf den folgenden Seiten begründen möchte, ist, dass dieses »Bewohnen« in seiner lebendigen Reaktionsbereitschaft wesentlich ein Prozess der Aufmerksamkeit ist.

Wandern gehen

Nehmen wir an, ich gehe wandern. Ich habe die Absicht, wandern zu gehen, und bereite mich darauf vor, indem ich eine Route plane, meine Stiefel anziehe, eine Landkarte und etwas Verpflegung in meinen Rucksack packe. Mein Plan ist, die Gegend zu erkunden und durch die Bewegung vielleicht meine körperliche Fitness und mein allgemeines Wohlbefinden zu steigern. Ich möchte auch ein wenig zum

11 Dewey, *Kunst als Erfahrung*, S. 67 f.

Denken kommen. Diese Ziele stehen im Vorfeld fest, auch wenn sie noch unverwirklicht sind. Mir ist bewusst, dass ich im Zuge ihrer Verwirklichung möglicherweise ein wenig leiden werde. Noch bevor ich eventuell einen Muskelkater in den Beinen oder Blasen an den Füßen bekomme, gibt es schon die reine Monotonie des immer und immer wieder Einen-Fuß-vor-den-anderen-Setzens. Doch ich beruhige mich selbst bei dem Gedanken, dass das Wandern einfach eine Gewohnheit ist; sie hat sich als solche in meinem Körper niedergeschlagen, und eigentlich muss ich daran keine weiteren Gedanken verschwenden. Erst an gefährlichen Übergängen oder in Momenten, wenn ich z.B. anhalten muss, um zu sehen, ob ich noch auf dem richtigen Weg bin, oder überlege, welchen Weg ich nehmen soll, stellen sie sich ein. Zwischen diesen Augenblicken aber kann ich unbeschwert meinen Gedanken nachhängen und meinen restlichen Körper sich selbst überlassen: Wie man weiß, eignet sich Wandern ja gut zum Meditieren – vielleicht weil es einen gleichmäßigen Rhythmus hat oder wegen der vorübergehenden Auszeit, die es uns von dem Druck beschert, unter dem wir sonst allseits stehen. Aus dieser Perspektive gesehen schenkt uns das Wandern einen Freiraum zwischen den Fixpunkten von Start und Ziel, einen Raum sowohl für die geistige als auch die körperliche Betätigung, auf deren Ergebnisse ich hoffe. Die Vorstellung, eine Wanderung zu unternehmen, um diese Ziele zu erreichen, steht vollkommen im Einklang mit dem Prinzip des Willens.

Sobald ich mich aber erst einmal auf den Weg gemacht habe, stimmt diese Theorie überhaupt nicht mehr so, wie sie vor Beginn der Wanderung gestimmt hatte. Das Wandern ist dann nichts mehr, was ich meinem Körper im Sinne einer selbstauferlegten Routine vorschreibe. Vielmehr hat es den Anschein, als würden mein Wandern und ich *eins werden*, so als würde mich mein Wandern wandern.[12] Ich

12 Ingold, *The Life of Lines*, S. 141.

bin dort, im Wandern, beseelt von seiner Bewegung. Und mit jedem Schritt finde ich mich vielleicht nicht schlagartig verändert, aber doch etwas modifiziert, nicht im Sinne des Übergangs von einem Zustand in einen anderen, sondern im Sinne permanenter Erneuerung. Wenn ich ankomme, bin ich tatsächlich eine andere Person, nicht einfach dieselbe Person an einem anderen Ort oder mit einem von den Wundmalen des Übergangs gezeichneten Körper. Selbst die Schmerzen und Blasen entfalten sich in meiner Erfahrung als Teil eines aktiv erlebten Lebens und mögen als solche nur umso schmerzhafter sein; es mag mir gefallen oder nicht, ich kann sie nicht von dem wandernden Wesen, das ich bin, abtrennen. Sie sind Teil meiner Lebensgeschichte, die ich erzählen kann.[13] Auch kann ich, wenn ich mich einmal auf den Weg gemacht habe, nicht bei der Vorstellung verharren, das Wandern sei etwas Gedankenloses, ein körperlicher Automatismus, der den Geist befreit, um seinen eigenen Beschäftigungen nachzugehen. Im Gegenteil ist das Wandern selbst eine Gewohnheit des Denkens. Dieses Denken ist allerdings keine im Kopf stattfindende, kognitive Operation, sondern das Werk eines Geistes, der sich in seinen Überlegungen frei mit dem Körper und der Welt verbindet. Oder um es anders auszudrücken: Ich denke weniger *während des* Wanderns (*while* walking) als *im* Wandern (*in* walking).[14] Dieses Denken ist eine Art und Weise,

13 Der über die Laufpraxis des Künstlers Hamisch Fulton sinnierende Phänomenologe James Hatley beobachtet, dass »das Wandern, wie Fulton es praktiziert, nicht das Machen einer Erfahrung in dem Sinne ist, dass sie mir gehört, dass ich über eine Erfahrung der Welt verfüge, sondern in dem Sinne, dass ich sie erleide, dass ich von ihr traumatisiert bin [...] eher erleidet der Körper die Erde, über die er wandert, als dass er sie beherrscht«. James D. Hatley, »Taking phenomenology for a walk: the artworks of Hamish Fulton«, in: Matti Itkonen/Gary Backhaus (Hrsg.), *Lived Images: Mediations in Experience, Life-World and I-hood*, Jyväskylä 2003, S. 204f.

14 Vgl. meinen Essay »Ways of mind-walking: reading, writing, painting«, in: Tim Ingold, *Being Alive: Essays on Movement, Knowledge and Description*, Abingdon 2011, S. 196–209.

die Welt zu empfangen, womit sie in gewissem Maße vom Thema zum Medium meiner Betrachtung wird. Vielleicht beruht die meditative Kraft des Wanderns ja gerade darauf: dass es dem Denken Raum zum Atmen gibt, dass es die Welt in seine Reflexionen einlässt. Aus demselben Grund heißt, sich für die Welt zu öffnen, aber auch, dass wir einen Teil unserer Handlungsmacht preisgeben. Wir müssen zu einfühlsamen Wesen werden. Auch wenn ich wandere, muss ich nämlich meinen Tritt an das Gelände anpassen, dem Weg folgen, mich den Elementen aussetzen. Jeder Schritt wartet mit einem Moment der Ungewissheit auf.

Das meinen wir offenbar, wenn wir vom *Bewohnen* der Praxis des Wanderns sprechen. Damit wird das im Rahmen der Erfahrung handelnde »Ich« eher als ein erduldendes denn als ein ihr vorgängiges begriffen. Das volitive »Ich« ist beim Tun des Erleben-Erleidens ein unwillkommener Eindringling: Fest entschlossen, seine jeweilige Richtung zu diktieren, hört es nicht auf, dazwischenzufunken, vor allem Anfangen schon Ziele zu setzen, auf ein Regiment des Stop und Go zu pochen, bei dem jeder Akt unmittelbar auf die Vollendung des vorhergehenden folgt. Das »Ich« der Gewohnheit hingegen bewegt sich im Windschatten des Handelns. Hier stehen die Ziele (*ends*) nicht von vornherein fest; sie ergeben sich aus dem Handeln selbst und werden als solche erst erkennbar, wenn die Möglichkeit des Neuanfangs akzeptiert wurde. Neuanfänge *bringen* Abschlüsse (*endings*) *hervor* und werden durch sie hervorgebracht. Im Zuge dieser gleichermaßen vom Selbst wie von der Welt ausgehenden Hervorbringung steht das »Ich« permanent in Frage. Man kann nicht mehr im Brustton der Überzeugung sagen: »Ich tue dies« oder »Ich tat das«. Vielmehr muss man fragen: »Ist es das, was ich tue?« oder »Habe ich das getan?« – so als würde die Handlung in ihrem Schlepptau immerzu meine Handlungsmacht herausfordern, und zwar nicht als Antwort, sondern als Frage. »Ich bin« ist, wie die Philosophin Erin Manning sagt, immer in hohem Maße gleichbedeutend mit »War ich das?«[15] Das Prinzip der Gewohnheit besagt, dass man niemals ganz Herr seiner eigenen Taten ist, dass ein Leben zu führen nicht unbedingt heißt, es unter Kontrolle zu haben. Wenn man in einer Situation existenzieller Unsicherheit glaubt, alles im Griff zu haben, fordert man in Wahrheit das Unglück heraus. Die Unfähigkeit, sich den Erfordernissen einer Situation anzupassen, kann die beste Planung zum Scheitern bringen. Doch nur weil nicht alles nach dem eigenen Willen geschieht, muss man nicht glauben, ein anderer hielte das Steuer in der Hand oder die Handlungsmacht sei auf mehrere Personen verteilt. Vielmehr ist es ein deutliches Zeichen dafür, dass etwas nicht stimmen kann mit einer Handlungstheorie, die suggeriert, dass alles, was uns widerfährt, Resultat der einen oder anderen Handlungsmacht sei.[16] Wie wäre es, wenn wir uns stattdessen an das Prinzip der Gewohnheit hielten?

Wenn Handlungsmacht nicht als Wirkursache vor allem Handeln gegeben ist, sondern sich vielmehr erst aus dem Handeln ergibt und verändert, dann sollten wir aus dem Substantiv vielleicht die Verlaufsform eines Verbs machen und uns auf Formulierungen verständigen wie »zu einem Handlungsmächtigen werden« (*becoming agent*) oder »zum Handeln ermächtigt werden« (*agencing*). Das oft als unübersetzbar geltende *agencement* (»Gefüge«, aber auch »Verkettung«, »Assemblage«)[17] wäre das französische Pendant dazu. Ich werde hier nicht weiter auf das semantische Potential dieses Begriffs eingehen, denn er soll uns im nächsten Kapitel noch beschäftigen. An dieser Stelle mag der Hinweis

15 Erin Manning, *The Minor Gesture*, Durham (NC) 2016, S. 37.

16 Ebd., S. 120.

17 In den Theorien von Gilles Deleuze und Félix Guattari spielt der Begriff des *agencement* eine prominente Rolle. Er wurde in *Tausend Plateaus* als »Gefüge«, in dem 16 Jahre früher auf Deutsch erschienenen Buch *Kafka, für eine kleine Literatur* noch als »Verkettung(en)« übersetzt, Anm. d. Ü. Gilles Deleuze/Félix Guattari, *Kapitalismus und Schizophrenie. Tausend Plateaus*, Berlin 1992 [1980]. Gilles Deleuze/Félix Guattari, *Kafka, für eine kleine Literatur*, Frankfurt a. M. 1976 [1975].

genügen, dass er mehr oder weniger dem entspricht, was ich zuvor als »Erleben-Erleiden des Tuns« (*undergoing doing*) eingeführt habe. Das Prinzip der Gewohnheit ersetzt also *agency* (Handlungsmacht) durch *agencement* (Gefüge). Der Unterschied besteht darin, dass uns das *agencement* als Bewohner einer Gewohnheit zufällt, während uns die *agency* als ein mit Willen ausgestattetes Wesen gehören soll. Letzteres ist eine Eigenschaft, die wir angeblich besitzen und die uns zum Handeln befähigt; Ersteres ist eine Aufgabe, die wir einfühlsame und verantwortliche Lebewesen als Teil des von uns erlebten Lebens annehmen müssen. Um es ganz allgemein zu formulieren, ist das Leben selbst eine Aufgabe, und es nicht als *zōē*, sondern als *bios* leben zu lernen wiederum die Aufgabe der Erziehung.[18] Aus diesem Grund bestand Dewey darauf, Erziehung in das Feld der Gewohnheit einzuschreiben: »Das Ergebnis des Erziehungsvorgangs ist die Fähigkeit, weiter erzogen zu werden.«[19]

Attentionalität und Korrespondenz

Wir haben nun zwei Dreiklänge zur Auswahl, deren Begriffe jeweils durch wechselseitige Implikation eng miteinander verbunden sind: auf der einen Seite die Trias Wille, *agency*, Intentionalität;[20] auf der anderen die Trias Gewohnheit, *agencement*, Attentionalität. Ich habe den Unterschied zwischen den Prinzipien des Willens und der Gewohnheit erläutert sowie den zwischen *agency* und *agencement*. Als

18 »Aber das Leben, das uns gegeben ist, ist uns nicht als etwas Fertiges gegeben, sondern wir müssen es uns gestalten, und zwar jeder sein eigenes«, urteilte der spanische Philosoph José Ortega y Gasset in dem Aufsatz über *Geschichte als System* von 1935. »Das Leben ist Aufgabe«. José Ortega y Gasset, *Geschichte als System und über das Römische Imperium*, New York 1961 [1941], S. 11.
19 John Dewey, *Demokratie und Erziehung. Eine Einleitung in die philosophische Pädagogik*, Weinheim/Basel 2000 [1916], S. 97.
20 Manning, *The Minor Gesture*, S. 6.

nächstes soll nun die Unterscheidung von Intention und Attention bzw. Aufmerksamkeit betrachtet werden. Kehren wir zunächst zum Beispiel des Wanderns zurück. Meine erste Rekonstruktion des *Eine-Wanderung-Unternehmens* (*going for a walk*) war in Bezug auf meine Intentionen formuliert: die Gegend zu erkunden, meine körperliche Fitness und mein allgemeines Wohlbefinden zu steigern und ein wenig zum Denken zu kommen. Natürlich gibt es Dinge, um die ich mich in diesem Zusammenhang kümmern muss, sowohl in der Vorbereitung als auch beim Wandern selbst. Die damit verbundene Aufmerksamkeit aber ist einfach die Art und Weise, wie der Geist die Welt kontrolliert. Sie unterbricht Bewegungen, um Bilanz zu ziehen. Bevor ich losgehe, vergewissere ich mich, dass ich alles habe, was ich brauche: Landkarte, Kompass, Verpflegung usw. Dabei streiche ich die Dinge von einer imaginären Liste, die ich vorher im Kopf habe. Um meine topographische Lage zu verifizieren, gleiche ich unterwegs ab, ob die Merkmale der Landschaft, die vor mir liegt, zu dem passen, was auf meiner Karte verzeichnet ist. Und dort, wo möglicherweise Gefahren lauern, sehe ich zu, dass ich die richtige Strategie gewählt habe, um sie zu umgehen. Die Aufmerksamkeit richtet sich hier mit anderen Worten darauf, die Inhalte in meinem Kopf mit den Gegenständen in der Welt zur Deckung zu bringen und eine Eins-zu-eins-Korrelation zwischen jeder mentalen Repräsentation und jedem physischen Merkmal herzustellen.[21] So sieht Aufmerksamkeit aus, wenn unser in der Welt Sein (*being in the world*) wesentlich als intentionales konzipiert wird. Dann ist sie nach dem Prinzip des Willens gedacht.

Aber in meiner zweiten, am Gewohnheitsprinzip orientierten Darstellung des *Wanderns* ist das Verhältnis von Intention und Attention genau umgekehrt. Das Wandern erfordert, wie wir gesehen haben, eine permanente Anpas-

21 Vgl. hierzu: Alfred Gell, »How to read a map: remarks on the practical logic of navigation«, in: *Man* (N. S.) 20 (1985), S. 274 f.

sungsbereitschaft des Wanderers an das Gelände, den Weg und die Elemente. Um reagieren zu können, muss er sich mit diesen Dingen *im Zuge seines Wanderns* auseinandersetzen, indem er sich ihnen in seinen Bewegungen beigesellt bzw. im Zusammenspiel mit ihnen seine Bewegungen ausführt. Das heißt nichts anderes als zuzuhören, zu beobachten und zu fühlen. Wenn Aufmerksamkeit die Bewegungen nach unserer ersten Deutung unterbricht oder durchtrennt, um eine transversale bzw. querläufige Beziehung zwischen Geist und Welt zu etablieren (deren Getrenntheit von Anfang an unterstellt wird), stimmt sie unserer zweiten Deutung zufolge nach Art einer musikalischen Begleitung oder eines Refrains *in* sie ein. Die Aufmerksamkeit ist hier longitudinal bzw. mitläufig, insofern der aufmerksame Wanderer seine Bewegungen auf das Gelände abstimmt, das sich in seiner Umgebung und unter seinen Füßen entfaltet – er muss nicht immer wieder stehenbleiben, um es zu kontrollieren. Und wenn Ablenkung das Gegenteil von Aufmerksamkeit ist, dann lässt sich in Bezug auf sie dieselbe Unterscheidung treffen. Nach der ersten Deutung beschreibt Ablenkung einen Verlust an geistiger Konzentration, ein Unscharfwerden der Objekte meiner Aufmerksamkeit, die meist dem Eindringen des Körpers in die bewusste Wahrnehmung geschuldet ist, sei es, weil die Füße und Beine wehtun oder weil mich das unebene Gelände oder fremde Einflüsse in Aufruhr versetzen. Der Geist ist aufmerksam, der Körper lenkt ab.[22] Nach der zweiten Darstellung hingegen erscheint Ablenkung als eine Umlenkung des gesamten In-seiner-Umwelt-Seins. Während der Wanderer einem Weg folgt, wird er vielleicht zu einem anderen hingezogen, der ihn möglicherweise vom ursprünglichen Weg abbringt

22 Wie der Theaterwissenschaftler George Home-Cook in *Theatre and Aural Attention*, S. 39, feststellte, produziert Aufmerksamkeit im Sinne der Kontrolle die Ablenkung als ihr Gegenteil, die durch »einen Verlust an Aufmerksamkeit und die Vereinnahmung des Geistes durch den Körper« gekennzeichnet ist.

und unter Umständen gar dazu führt, dass er sich verirrt. Ablenkung bedeutet hier eine Umlenkung der Aufmerksamkeitsrichtung, keinen Verschluss ihres Objekts. Es ist die Ablenkung des Köders, der anzieht, fesselt und sein Opfer schließlich in einem Geflecht imaginärer Linien, die in alle Richtungen weisen und es buchstäblich verzaubern, erstarren lässt.

Ich behaupte nun, dass bei der Gewohnheit des Wanderns, anders als beim Willensakt des Eine-Wanderung-Unternehmens, die Attentionalität als grundlegender Modus des in der Welt Seins ontologisch Priorität gewinnt, während die Intentionen nurmehr wie Meilensteine am Wegesrand liegen, die uns normalerweise erst im Nachhinein bewusst werden, wenn wir einen hinter uns liegenden Ausflug rückblickend als eine Reihe vorbestimmter Etappen rekonstruieren. Oder um es kurz zu sagen: Während uns das Prinzip des Willens eine Form von Aufmerksamkeit beschert, die auf Intentionalität beruht, liefert uns das Prinzip der Gewohnheit eine Form von Intention, die auf Attentionalität basiert. Ich möchte keineswegs bestreiten, dass die Attentionalität des Wanderns, genau wie die Intentionalität des Eine-Wanderung-Unternehmens, Intelligenz bzw. Geist erfordert; doch ist es keine in ihren Kopf eingeschlossene und der Welt entgegengesetzte Intelligenz, sondern vielmehr eine, die die sinnlichen Wege der Umgebungs-Teilhabe des Wanderers mitumfasst.[23] Das Gewahrsein (*awareness*) eines solchen Geistes ist nicht transitiv, es ist intransitiv – nicht eine *Von*-Gewahrsein, sondern ein *Mit*-Gewahrsein; wobei das »*Von*-Sein« den anderen, mit dem man sich beschäftigt, zu einem Objekt macht und es abhakt, während das »*Mit*-Sein« den anderen vor der Verdinglichung bewahrt, indem es ihn als Gefährten oder Komplizen beiseite nimmt. Aus dem *othering* macht es ein *togethering*, oder: aus der Distanznahme zu Dinstinktionszwecken eine gemeinsame

23 Ingold, *The Life of Lines*, S. 133.

Praxis. Vom Prinzip der Gewohnheit und nicht vom Prinzip des Willens auszugehen bedeutet, zu akzeptieren, dass Gewahrsein immer zuerst ein *Mit*-Gewahrsein und erst dann ein *Von*-Gewahrsein ist. Wir können eine Bewegung erkennen und auf sie reagieren, lange bevor sie uns bewusst vor Augen steht. Ich würde es so ausdrücken, dass die Operationen des attentionalen Geistes nicht kognitiv, sondern ökologisch sind. Vor dem Hintergrund dieser Bilanz möchte ich auf einen Begriff zurückkommen, der sich im letzten Kapitel als Schlüsselwort meiner Argumentation herauskristallisiert hat – nämlich die *Korrespondenz* –, und ihn mit dem in Beziehung setzen, was ich gerade zur Attentionalität ausgeführt habe.

Lassen Sie mich eingangs klarstellen, was ich mit diesem Begriff *nicht* meine. Ich meine nicht den Abgleich einer bestimmten Reihe von Elementen, etwa geistiger Begriffe, mit einer anderen Reihe, etwa den Gegenständen in der Welt, mittels irgendeines Prinzips der Homologie, das ein beliebiges Element der ersten Reihe mit einem oder mehreren Elementen der zweiten Reihe gleichsetzt und vice versa. Das ist es, was man in der Mathematik unter »Korrespondenz« versteht, und natürlich besteht eine große Affinität zwischen dieser Bedeutung und der »Aufmerksamkeit« im Sinne einer transversalen Korrelation zwischen Begriff und Objekt.[24] Was ich dagegen *tatsächlich* mit »Korrespondenz« meine, erschließt sich ganz leicht durch den Vergleich dieses transversalen Verständnisses von Aufmerksamkeit mit ihrer Interpretation als eines longitudinalen »Mitlaufens«. Dies ist der Prozess, durch den Wesen oder Dinge einander

24 Dieser Sinn von Korrespondenz findet sein anthropologisches Gegenstück in den klassischen Ausführungen zum Totemismus, denen zufolge eine Beziehung der Allianz zwischen sozialen Gruppen als entsprechende Beziehung zwischen natürlichen Arten abgebildet wird. Jede Gruppe steht mit ihrem Totem, wie Lévi-Strauss sagt, in »Wechselbeziehung«. Claude Lévi-Strauss, *Das Ende des Totemismus*, Frankfurt a. M. 1965 [1962], S. 31.

im Laufe der Zeit antworten oder miteinander kor-respondieren, so wie bei einem Briefwechsel oder einem Gespräch. Er beinhaltet, wie wir in Kapitel 1 gesehen haben, die wechselseitige Abhängigkeit von *commoning* und Variation, die Art und Weise, wie jedes Geschöpf durch die mit anderen geteilte Erfahrung zu seiner einzigartigen eigenen Stimme findet. Meine These ist, dass Korrespondenz die Beziehungsform eines Wesens ist, das in der Gewohnheit wohnt und dessen Haltung attentional ist. Denn durch ihre gegenseitige Fürsorge auf ihrem gemeinsamen Weg korrespondieren die Wesen, sie stehen miteinander in Wechselwirkung.

An dieser Stelle müssen wir sprachanalytisch eine Unterscheidung treffen zwischen Korrespondenz und Interaktion.[25] Man könnte sie mit dem Unterschied zwischen zwei Gefährten vergleichen, die in dieselbe Richtung blickend nebeneinander herlaufen, und einer Interviewsituation oder einem Brettspiel, bei denen sich die Teilnehmer an zwei Seiten eines Tisches gegenübersitzen. Bei einem Schachspiel beispielsweise wechseln sich die Spieler in ihren Spielzügen ab – hin und her, die eine Hand die andere kreuzend –, und jeder Zug, jede Bewegung ist eine klar umrissene, willentliche und wohlbedachte Tat, infolge deren sich die Konfiguration auf dem Brett verändert. Indem sie sich in Akten, die sich auf den jeweils anderen richten, abwechseln, scheinen die Spieler an einer rudimentären Form von Interaktion teilzunehmen. Denn nicht nur haben sie von Anfang an unterscheidbare Identitäten und Interessen, sie machen auch keinerlei Anstalten, miteinander zu kooperieren. Jeder bleibt für sich; es gibt weder *commoning* noch Variation. Jeder Zug beim Schach ist eher die Erklärung als die Befolgung einer Absicht; Ziel ist es, das Fortkommen des anderen zu behindern und ihn letztlich aufzuhalten. Im Fortgang des

25 Die Unterscheidung habe ich näher ausgeführt in: Tim Ingold, *Making Anthropology, Archaeology, Art and Architecture*, Abingdon 2013b, S. 105–108.

Spiels wird also jedes Ich zum Hindernis für das andere Ich, bis eines von beiden endgültig »Matt« gesetzt wurde. Hinter dem Schein dieser Interaktion aber steckt eine vollkommen andere Realität, denn in Wahrheit *bewohnen* beide Spieler das Schachspiel: Sie sind zu ihm hingezogen, von ihm gefangen und öffnen sich einander in ihrer geteilten Spielfreude und Sympathie, was es ihnen ermöglicht, *einträchtig* miteinander zu spielen.[26] Ihre gemeinsame Erfahrung entwickelt sich im Einklang mit ihrer persönlichen Art zu spielen. Während sie ihre jeweiligen Spielfiguren bewegen, mag durchaus das Gefühl in ihnen aufkommen, dass ihre Hand auf etwas reagiert, was jenseits ihrer selbst liegt, und vielleicht fragen sie sich nach dem Spiel: »Habe ich das getan?« oder »War ich das?« Ihre Handlungsmacht steht, kurz gesagt, immer in Frage, sie ist nicht von vornherein beschlossene Sache. Worum es in der Praxis geht, ist nicht die Entgegensetzung ihrer Handlungsmächtigkeiten, sondern die Harmonisierung ihres *agencement*. Und in diesem Sinne sind die Spieler im Spiel letztlich ebenso Korrespondierende, wie es die Gefährten auf dem Wanderweg sind.

Fürsorge und Sehnen

Ich möchte mich nun zwei anderen Aspekten der Attentionalität zuwenden, die genau wie die Korrespondenz entscheidend für unseren Begriff dessen sind, was es heißt, ein Leben zu führen, mithin für unseren Begriff der Erziehung. Es sind die Aspekte der *Fürsorge* und des *Sehnens*. Ersterer

26 »Die Menschen spielen Schach«, schreibt der Anthropologe Robert Desjarlais über seine Erfahrung mit dem Schachspielen, »man könnte aber ebenso gut sagen, dass sie von dem Spiel gespielt werden [...]. Beim Schachspielen kann man vom regelhaften Spielfluss mitgerissen werden [...]. Das soziale Leben funktioniert in vielerlei Hinsicht ganz ähnlich«. Robert R. Desjarlais, *Counterplay: An Anthropologist at the Chessboard*, Berkeley (CA) 2011, S. 16.

verleiht der Aufmerksamkeit eine ethische Dimension. Auf natürliche Art und Weise kümmern wir uns um Menschen und Dinge, indem wir ihnen unsere ungeteilte Aufmerksamkeit schenken und auf ihre Bedürfnisse eingehen. Als kor-responsive Wesen ist die Verantwortung der Fürsorge etwas, das uns *zufällt*. Die Handlungen, die wir zu ihrer Erfüllung ausführen, fallen deshalb unter die Kategorie von Aufgaben. Eine Aufgabe ist eher etwas, das wir *schulden*, als etwas, das uns *gehört*: Sie gehört eher anderen als uns selbst. So sehr erlebt-erlitten wie getan ist die Aufgabe das »Tun des Erleben-Erleidens«, das uns zukommt, weil wir Gewohnheitsmenschen sind. Sie wird nicht aus freiem Willen getan, ebenso wenig aber ist sie in dem Sinne obligatorisch, dass sie uns von irgendeiner höheren gesellschaftlichen Instanz auferlegt würde, der wir entsprechend Rechenschaft schuldig wären. Vielmehr wird sie getan, weil in einer »Gemeinschaft derer, die nichts gemein haben« – das heißt einer Gemeinschaft, die eher durch emergente Unterschiede als durch vorgängige Identität verbunden ist, in der jeder dem anderen in gewissem Maße fremd bleibt –, ihre Gegenwart eine Antwort *verlangt*. Wie der Bildungstheoretiker Gert Biesta schrieb: »Was getan wird, was getan werden muss und was nur ich tun kann, ist, dem Fremden zu *antworten*, *offen* und *verantwortlich* für das zu sein, worum mich der Fremde bittet«.[27] Es kann in diesem Sinne also keine Verantwortung (*responsibility*) ohne Antwortfähigkeit (*response ability*) geben. Um verantwortlich zu sein, muss man zur Antwort fähig sein. Und um antworten zu können, muss man anwesend sein. In der Terminologie von *commoning* und Variation gesprochen, in der jede Person mit ihrer einzigartigen eigenen Stimme und weniger als Repräsentantin des Kollektivs spricht, spielt es weniger eine

27 Gert J. J. Biesta, *Beyond Learning: Democratic Education for a Human Future*, Boulder (CO) 2006, S. 64 f.; vgl. auch Alphonso Lingis, *The Community of Those Who Have Nothing in Common*, Bloomington (IN) 1994, S. 130 f.

Rolle, welche Wörter wir benutzen, als dass wir mit Worten antworten. Denn durch unsere Worte und die Stimmen, mit denen wir sie aussprechen, machen wir uns anderen gegenwärtig als die konkreten Personen, die wir sind.[28]

Um für andere zu sorgen, müssen wir sie in unsere Gegenwart einlassen, damit wir auch ihnen wiederum gegenwärtig sein können. In einem wichtigen Sinne müssen wir sie sein lassen, damit sie mit uns sprechen können. Das so verstandene Seinlassen ist aber nicht ohne weiteres mit Verständnis oder gar Erklärung zu vereinbaren. Verständnis und Erklärung gehören zu jener anderen Form der Aufmerksamkeit im Sinne der Kontrolle. Im Kontrollmodus kümmern wir uns um die Dinge oder Personen, damit wir über sie *Rechenschaft ablegen* können. Haben wir erst einmal von ihnen Rechenschaft abgelegt, können wir sie abhaken, von unserer Liste streichen und in die Schublade des »Altbekannten« und »gut Verstandenen« stecken, deren Inhalte uns nicht weiter behelligen. Und so begegnen wir ihnen tatsächlich oft, nicht zuletzt in den institutionellen Settings und Praktiken der Erziehung. Wie oft haben wir gelehrte und mitfühlende Humanisten davon reden hören, dass jedes Verständnis darauf angewiesen ist, die Dinge in ihren – sei es sozialen, kulturellen oder historischen – Kontext einzuordnen? Dadurch aber schläfern wir sie ein. Weisen wir denn das rebellische Kind, das nicht schlafen gehen will und immer wieder aufsteht, an: »Geh zurück in den dir angemessenen Kontext und sei verstanden!«? Was das Kind in Wirklichkeit sucht und von uns fordert, ist Aufmerksamkeit. Es hat Dinge zu sagen, uns zu erzählen oder zu zeigen, und es schreit nach Aufmerksamkeit. Wir sollten ihm zugucken, zuhören und auf es reagieren. Nichts anderes bedeutet fürsorglich sein.

28 Tim Ingold, »Time, memory and property«, in: Thomas Widlok/Wolde G. Tadesse (Hrsg.), *Property and Equality*, Bd. 1: *Ritualisation, Sharing, Egalitarianism*, Oxford 2005, S. 171.

Die Implikation dieses Arguments ist radikal. Sie besagt: Wenn Erziehung mit einer fürsorglichen Beziehung zu der Welt, in der wir leben, und zu ihren vielen menschlichen und nichtmenschlichen Bewohnern zu tun hat, dann geht es dabei nicht so sehr darum, diese zu verstehen, als darum, sie wieder gegenwärtig werden zu lassen, damit wir für das offen sein können, was sie uns zu sagen haben. Genau das ist die These der Philosophen Jan Masschelein und Maarten Simons in ihrem Plädoyer für den erzieherischen Zweck der Schule (womit wir uns in Kapitel 3 noch näher befassen werden). Ihnen zufolge gibt es einen »magischen Moment«, in dem die Dinge, über die man bis dato, gewissermaßen in ihrer Abwesenheit, nur gesprochen oder diskutiert hat, zum Leben erweckt werden und plötzlich für sich selbst zu sprechen scheinen. Gebannt hören wir ihnen zu. Sinn und Zweck von Schule ist nach Masscheleins und Maartens Überzeugung, die Dinge in diesem Sinne wieder real werden und in unser Aufmerksamkeitsfeld zurückkehren zu lassen.[29] Aus diesem Zusammenhang aber ergibt sich eine noch allgemeinere These. Eine Beziehung der Fürsorge setzt nicht nur voraus, dass man sich anhört, was andere zu sagen haben, sondern auch, dass man ihnen angemessen antwortet. Hier geht es darum, eine ontologische Schuld zu begleichen: der Welt und ihren Bewohnern zurückzugeben, was wir ihnen für unsere eigene Erziehung schuldig sind. Was wir ihnen schulden ist im ursprünglichen Sinne des Wortes eine *Schuldigkeit*. Aus diesem Grund ist die Verantwortung der Fürsorge nicht nur praktisch (es gibt Aufgaben zu erledigen), sondern auch pflichtschuldig (sie löst eine Schuld ein). Daraus folgt, dass Erziehung – Lebensführung – weder als Willensakt noch unter Zwang geschieht, sondern als die Einlösung einer Schuld.

29 Jan Masschelein/Maarten Simons, *In Defense of the School: A Public Issue*, Leuven 2013, S. 47.

Was haben Fürsorge und Aufmerksamkeit nun mit dem Sehnen zu tun? Die Antwort ist darin zu finden, wie das Sehnen die Tätigkeiten des Erinnerns und des Imaginierens zusammenbringt. Beides sind Formen der Vergegenwärtigung: Das Erinnern macht die Vergangenheit gegenwärtig, das Imaginieren vergegenwärtigt die Zukunft. Erinnern möchte ich hier allerdings nicht so verstanden wissen, dass die Vergangenheit darin zu einem *Objekt* des Gedächtnisses wird. Das würde nichts anderes bedeuten, als die Vergangenheit von der Gegenwart abzuschneiden, so als wäre sie abgeschlossen, vorbei und vollbracht und stünde fortan als vererbbarer Besitz für die Übermittlung zur Verfügung. Nichts anderes aber geschieht, wenn wir die Vergangenheit in ihren Kontext stellen. Der gesamte Kontext wird dann, zusammen mit allem, was in ihn eingebettet ist, Teil eines Gesamtpakets. Beim Erinnern hingegen ist die Vergangenheit nicht zu Ende, sondern reicht aktiv in die Gegenwart hinein. Durch die Praxis des Erinnerns treten wir wie Brief- oder Gesprächspartner wieder in den Prozess der eigenen Entwicklung und der Entwicklung anderer ein. Dabei greifen wir die Fäden vergangener Leben auf und verbinden uns *mit* ihnen auf der Suche nach einem Weg in die Zukunft. Auch wenn wir uns der Verstorbenen nurmehr durch ihre Geschichten erinnern können, spricht jedes Erzählen nicht nur *über* die Person, von der erzählt wird; in einem ganz konkreten Sinne *ist* es die Person selbst mit ihrer einzigartigen Stimme und ihrem unverwechselbaren Charakter, die ins Hier und Jetzt zurückversetzt wird, damit die Lebenden ihre Korrespondenz mit ihr weiterführen können. Das *storytelling* fungiert auf diese Weise als eine Verlängerung des *bios*, nicht als dessen verknappende Zusammenfassung – was nichts anderes heißt, als dass es eine Art des Sehnens ist.

Analog verhält es sich mit dem Imaginieren. Denn so wie das Erinnern kein Objekt aus der Vergangenheit macht, objektiviert auch das Imaginieren nicht die Zukunft. Beim Imaginieren *projizieren* wir die Zukunft also nicht als einen von der Gegenwart unterschiedenen Zustand. Vielmehr fangen wir ein Leben ein, dem es in seinen Hoffnungen und Träumen irgendwie gelingt, die Fesseln der materiellen Welt abzustreifen. Worauf es zusteuert, liegt jenseits unseres begrifflichen Horizonts. Denker aller Professionen, so schrieb Dewey in *Kunst als Erfahrung*, seien es Dichter oder Maler, Wissenschaftler oder Philosophen, »drängen [in ihrem Imaginieren] auf irgendein dunkel und ungenau vorgestelltes Ziel hin und ertasten ihren Weg, angezogen von einem ganz bestimmten Vorgefühl, in dem ihre Beobachtungen und Gedanken schwimmen«.[30] In diesem Vorgefühl ist alles Imaginieren ein Erinnern und alles Erinnern ein Imaginieren. Zukunft und Vergangenheit, als nicht mehr zu trennende, verschmelzen an den Enden eines Sehnens; an einem Ort, von dem wir träumen und nach dem wir unaufhörlich streben, den wir aber nie erreichen. Das Sehnen ermöglicht uns also, Fürsorge und Aufmerksamkeit, deren Voraussetzung die Vergegenwärtigung der Dinge ist, mit der zeitlichen Spanne unseres Lebens in Einklang zu bringen. Dieses Leben ist keines, das von hier nach dort führt, von einem Ursprung an ein Ziel, noch ist es eines, das sich mit Meilensteinen abstecken lässt. Wie die Spanne der Attentionalität, mit der es korrespondiert, verläuft das Leben ewig, wie ein Fluss zwischen seinen Ufern, zwischen den Punkten, die durch Intentionen zusammengeschlossen werden. Ebenso wenig wie das Leben selbst kann Erziehung also vorhersehbare »Ergebnisse« produzieren. Wie uns Dewey lehrt und wir in Kapitel 1 gesehen haben, ist das einzige Ergebnis des Lebens weiteres Leben, das einzige Ergebnis von Wachstum weiteres Wachstum, das einzige Ergebnis von Erziehung weitere Erziehung.[31]

30 Dewey, *Kunst als Erfahrung*, S. 89.

31 Dewey, *Demokratie und Erziehung*, S. 77.

Aufmerksamkeit als Erziehung und die Erziehung der Aufmerksamkeit

An dieser Stelle müssen wir auf das Thema der Erziehung zurückkommen, um zu sehen, wie das bisher über die Aufmerksamkeit Gesagte damit zusammenhängt. Zu diesem Zweck möchte ich mich der Arbeit zweier Wissenschaftler zuwenden, die mein Denken über Erziehung grundlegend beeinflusst haben: Jan Masschelein und James Gibson. Masschelein ist ein belgischer Philosoph, dessen Interesse vor allem der Bildungs- und Erziehungsphilosophie gilt, Gibson war ein amerikanischer Wahrnehmungspsychologe und Pionier der sogenannten (psycho-)ökologischen Theorie der Wahrnehmung und des Handelns. Seine wichtigsten Bücher sind in den sechziger und siebziger Jahren des vergangenen Jahrhunderts erschienen. Doch lassen Sie mich zunächst ein paar Bemerkungen zu dem Wort »Erziehung« bzw. dem Fremdwort »Edukation« machen. Dass es sich vom lateinischen Verb *ducere*, »führen«, ableitet, hatte ich schon erwähnt. Über die Bedeutung der Vorsilbe »e« aber haben wir bislang noch nicht gesprochen. Die konventionelle Etymologie verweist uns natürlich auf das lateinische Verb *educare*, das einfach »lehren, erziehen, aufziehen« heißt oder, anders gesagt: jeder neuen Generation die gesellschaftlich anerkannten Verhaltensweisen und das Wissen, auf dem sie beruhen, eintrichtern. Masschelein dagegen schlägt vor, diese Konvention auf den Kopf zu stellen. Wie wäre es, wenn wir mit dem »E« von Edukation anfangen und das Wort als *E-dukation* schrieben? Das »e« kommt von *ex* wie »hinaus«. Edukation (für Erziehung oder Bildung) hätte dann nicht die Aufgabe, Wissen *in* die Köpfe der Novizen einzuflößen, sondern die, sie in die Welt *hinaus*zuführen.[32]

32 Jan Masschelein, »The idea of critical educational research – e-ducating the gaze and inviting to go walking«, in: Ilan Gur-Ze'ev (Hrsg.), *The*

Im ersteren Sinne des Wortes versucht Erziehung – mindestens in ihrer modernen Form –, die Instrumente für Erklärungen und kritisches Denken zur Verfügung zu stellen. Sie hat sich dem folgenden Ideal verschrieben: Zunächst sind die Schüler Unwissende, denen die Dinge erklärt werden müssen; nach und nach aber befreien sie sich von den Konventionen und Vorurteilen der Vergangenheit, bis sie aus dem Prozess schließlich als Denker eigenen Rechts hervorgehen, die ihren Platz am Tisch der Erklärungsbefugten einnehmen dürfen. Bildung oder Erziehung beschreibt den Übergang vom Unwissen zum Verstehen. Wenn wir über die Welt aber nur mittels Erklärungen oder der verschiedenen Weisen, wie sie repräsentiert wird, etwas wissen können und uns die Vernunft andererseits gebietet, allen existierenden Repräsentationen zu misstrauen – wobei sich der kritische Standpunkt, den man zu entwickeln angehalten ist, von den Kontexten lösen soll, in die seine repräsentationalen Vorläufer, wie man retrospektiv erkennt, eingelassen waren –, wie können wir uns dann je wieder der Welt öffnen? Wie können wir, fragt sich Masschelein, »die Welt wieder zu etwas ›Realem‹ machen, wie können wir die Welt ›gegenwärtig‹ sein lassen, wie können wir ihr Wirklichkeit zurückgeben und uns der Schutzschilde oder Spiegel entledigen, die uns mehr und mehr in Selbstreflexionen und Interpretationen eingeschlossen zu haben scheinen, in ein ewiges Zurückkommen auf ›Standpunkte‹, ›Perspektiven‹ und ›Meinungen‹?«[33] Seine Antwort lautet: durch die Aneignung von Praktiken, die uns im wahrsten Sinne des Wortes erlauben, »uns auszusetzen«.[34] Und das, so beteuert Masschelein, ist das Ziel von Erziehung im Sinne der E-dukation, nicht die Einflößung eines Bewusstseins

Possibility/Impossibility of a New Critical Language of Education, Rotterdam 2010a, S. 276 f.

33 Ebd., S. 276.

34 Jan Masschelein, »E-ducating the gaze: the idea of a poor pedagogy«, in: *Ethics and Education* 5, 1 (2010b), S. 44, 50.

oder einer Wahrnehmung *von* der uns umgebenden Welt. E-dukation hat die Absicht, uns in eine Korrespondenz *mit* dieser Welt hineinzuziehen. Was sie bezweckt, ist unsere *Zuwendung* zur Welt.

Wie das Sich-Aussetzen in der Praxis aussieht, illustriert Masschelein paradigmatisch an der Tätigkeit des Wanderns. Haben wir uns einmal auf den Weg gemacht, geben wir uns der Tätigkeit hin – wir unterwerfen uns ihr geradezu –, und in diesem Sinne ist die Wanderung eine Erfahrung, die wir erleben-erleiden. Masschelein weist aber darauf hin, dass es sich dabei keinesfalls um ein »passives Erleben« handelt; vielmehr beschreibt er es als ein aktives, als »eine Art Durchschneiden des Wegs«.[35] Was also ist dieser Weg, und was schneidet er durch? Der Weg ist natürlich der Weg der Aufmerksamkeit, auf dem sich die Welt öffnet und uns gegenwärtig gemacht wird, damit wir uns dieser Gegenwart aussetzen und uns selbst verändern können. Masschelein betont, dass »Aufmerksamkeit Erfahrung ermöglicht«.[36] Und was der Weg durchdringt, sind all die transitiven Verbindungen, die Intentionen mit ihren Zielen, das Bewusstsein mit seinen Gegenständen oder die kritische Wahrnehmung mit ihren Inhalten verknüpfen. Das Besondere am Wandern ist nach Masschelein weder, dass es eine andere Perspektive oder eine Reihe anderer Perspektiven eröffnet, von denen man auf anderen Wegen profitieren kann (etwa durch die Luft), noch, dass es uns ermöglicht, irgendeinen Standpunkt mit anderen in Frage zu stellen. Was es uns bietet, ist ein *anderes Verhältnis zur Gegenwart*, eines, das keine Erklärung, kein Verstehen und keine Interpretation im Kontext verlangt, sondern nur unsere unmittelbare, ungeteilte und uneingeschränkte Aufmerksamkeit. Wandern kann uns das geben, weil es uns in keiner Weise vorschreibt,

35 Masschelein, »The idea of critical educational research – e-ducating the gaze and inviting to go walking«, S. 278.

36 Ebd., S. 282.

von dieser oder jener Position aus einen Standpunkt zu beziehen, sondern uns stattdessen kontinuierlich von *allen* Standpunkten fortzieht, von jeder Position, die wir einnehmen könnten. »Beim Wandern«, so erklärt Masschelein, »geht es darum, diese Position in Frage zu stellen; es geht dabei um Ex-position (oder Aus-setzung), darum, außer-Position, ex-poniert oder aus-gesetzt zu sein«.[37] Und genau das meint er mit Ausgesetztsein.

Auf den ersten Blick scheint der Vergleich zwischen Masschelein und Gibson denkbar weit hergeholt. Ihre Interessen, beim einen die Philosophie der Erziehung oder Bildung, beim anderen die Wahrnehmungspsychologie, sind vollkommen unterschiedlich, ebenso wie ihre Denkweisen und Inspirationsquellen. Doch nicht anders als Masschelein will uns auch Gibson die Welt wieder real und gegenwärtig machen. Und auch für Gibson folgt daraus die Ablehnung der Vorstellung, dass wir die Welt nur von einem festen Standpunkt aus kennen und sie nur als Ganze erkennen können, wenn wir im Kopf alle – von den diversen Standpunkten aus gewonnenen –Teilrepräsentationen zu einem umfassenden Bild des Ganzen, einer Art geistigen Landkarte, zusammenfügen. Für Gibson ist die Welt, die wir wahrnehmen, eine uns umgebende Welt, eine Umwelt. Und wir machen uns mit dieser Umwelt weder dadurch vertraut, dass wir sie *angucken*, noch dadurch, dass wir unsere Repräsentationen – in Form eines geistigen Tests – mit den Gegebenheiten der sinnlichen Wahrnehmung abgleichen, sondern indem wir uns z. B. wandernd *in* ihr bewegen. In der Bewegung folgen wir dem, was Gibson »Beobachtungsbahn« (*path of observation*) genannt hat, und während wir uns bewegen, unterliegt das Muster der Sinnesreize einer permanenten Modulation. Bei der visuellen Wahrnehmung, die Gibson besonders interessiert, ist es das von den Oberflächen der Dinge reflektierte Lichtmuster bzw. das, was als »umgebende optische

37 Ebd., S. 278.

Anordnung« bekannt ist, die das Auge des sich bewegenden Betrachters trifft. Den Modulationen der Anordnung liegen bestimmte unveränderliche Parameter zugrunde, und Gibson geht davon aus, dass diese Invarianten ausreichen, um wesentliche Eigenschaften der Umwelt zu bestimmen, konkreter gesagt: um zu bestimmen, was sie für den Beobachter in seinem Handlungsablauf an Möglichkeiten oder Behinderungen darstellen.[38]

Zu diesen Merkmalen gehören Aufriss und Beschaffenheit des Geländes. Und um bei unserem Beispiel des Wanderns zu bleiben, so gibt es einige Geländeformen, die – wie feste Erde oder Kiesboden – das Wandern ermöglichen, während andere – Geröll oder Sumpf – dies nicht tun. Und Gibson zufolge werden Erde, Kies, Geröll und Sumpf in erster Linie auf ihre Begehbarkeit hin wahrgenommen. Natürlich ist diese Art von Vertrautheit mit einer Umwelt, die uns deren Begehbarkeit wahrnehmen lässt, nichts, was wir gebrauchsfertig in die Wiege gelegt bekommen; sie wächst mit der Erfahrung. Wachsende Vertrautheit aber verdankt sich nicht dem Schließen etwaiger Lücken auf einer Landkarte, sondern einer graduellen Feinabstimmung oder Sensibilisierung des Wahrnehmungsvermögens, das die Wahrnehmenden den Nuancen ihrer Umwelt gegenüber immer achtsamer werden lässt. Man kann also ein Entdecker auf heimatlichem Terrain sein, da es in der realen Welt – anders als in der Welt der Repräsentationen – immer noch mehr zu entdecken gibt. Anfänger werden mithin nicht so sehr »angefüllt« – wie es die Vertreter eines Übermittlungsmodells der Erziehung propagieren – als vielmehr »eingestimmt«.[39]

38 Gibsons Theorie wird am umfassendsten entwickelt in seinem Buch *The Ecological Approach to Visual Perception*. James J. Gibson, *Wahrnehmung und Umwelt. Der ökologische Ansatz in der visuellen Wahrnehmung*, München/Wien/Baltimore 1982 [1979]. Zum Begriff der »Beobachtungsbahn«: ebd., S. 197, sowie Ingold, *The Perception of the Environment*, S. 226–228, 238–240.

39 Tim Ingold, »From the transmission of representations to the educa-

Anders gesagt: Wenn das Wissen des alten Hasen dem des Grünschnabels überlegen ist, so liegt es nicht daran, dass Ersterer sich die mentalen Repräsentationen angeeignet hat, die es ihm erlauben, ein komplexeres Weltbild zu konstruieren, sondern weil sein Wahrnehmungssystem darauf eingestellt ist, lebenswichtige Eigenschaften der Umwelt zu registrieren, die dem Grünschnabel einfach nicht auffallen. Mit einer von Gibsons Schlüsselmetaphern könnten wir sagen, dass das Wahrnehmungssystem des erfahrenen Praktizierenden *mit* den Eigenschaften seiner Umwelt *im Einklang steht*. Je geübter wir im Verfolgen der Beobachtungsbahn werden, desto besser sind wir nach Gibsons Überzeugung in der Lage, die umweltbedingten Variationen und die invarianten Parameter, die ihnen zugrunde liegen, zu bemerken und unverzögert zu beantworten. Wir erleben-erleiden also eine »Erziehung der Aufmerksamkeit«.[40]

Für Masschelein und Gibson handelt Erziehung wesentlich von Aufmerksamkeit, nicht von Übermittlung. Sagen sie folglich in gewissem Sinne dasselbe? Nein, das tun sie nicht. Ganz wesentlich unterscheiden sie sich in der Bestimmung des Verhältnisses von praktischer Fähigkeit und Unterwerfung. In jeder Praxis der Gewohnheit oder des »Erleben-Erleiden-Tuns« sind beide Momente gleichermaßen vorhanden. Nehmen wir wieder unser Beispiel des Wanderns. Einerseits muss der Wanderer aufmerksam genug sein, um die Begehbarkeit des Geländes wahrzunehmen und seine Beinarbeit darauf abzustimmen. In bestimmter praktischer Art und Weise beherrscht er die auf Erfahrung beruhende Kunst des Wanderns. Andererseits unterwirft er sich bei jedem Schritt dem Weg, ohne mit Gewissheit sagen zu können, wohin er führt. Und wenn wir

tion of attention«, in: Harvey Whitehouse (Hrsg.), *The Debated Mind: Evolutionary Psychology versus Ethnography*, Oxford 2001, S. 142.

40 Gibson, *The Ecological Approach to Visual Perception*, S. 254; vgl. auch Ingold, »From the transmission of representations to the education of attention«.

das Wandern »bewohnen«, dann ist es – wie bei jeder anderen Gewohnheit – die Unterwerfung, die den Weg weist, und die Beherrschung, die ihr nachfolgt, in genau dieser Reihenfolge.[41] Bei beiden spielt die Aufmerksamkeit eine Rolle, beim einen aber funktioniert der Praktizierende auf Geheiß der Welt, beim anderen funktioniert die Welt bestenfalls auf Geheiß des Praktizierenden. Eines nimmt die Welt wie einen tiefen Atemzug auf; das andere lässt sie in einer gerichteten Bewegung des Wahrnehmens und Handelns hinaus. »Wie das Atmen«, sagt Dewey, »so ist auch Erfahrung ein Rhythmus von Aufnehmen und Abgeben«.[42] Masschelein steht zweifellos auf der Seite des Aufnehmens. Er erinnert uns daran, dass das Wort *attendre* auf Französisch »warten« bedeutet. Selbst auf Englisch finden wir in den umformulierenden Erklärungen des Verbs *attend to (persons or things)*, also des sich um Personen oder Dinge Kümmerns oder des sich ihnen Zuwendens, das Wort *wait*, warten, auch im Sinne des *wait on*, also des Bedienens oder Wartens auf: bei ihnen bleiben, mitverfolgen, was sie tun.[43] Gibson dagegen steht auf der Seite des Abgebens. Im Aufspüren der Angebote oder Gelegenheiten, weiterzumachen, greifen die Praktizierenden Eigenschaften einer Welt auf, die schon angelegt ist, und wenden sie zu ihrem Vorteil. Zugespitzt formuliert: Während für Masschelein der Praktizierende auf die Welt wartet, wartet für Gibson die Welt auf den Praktizierenden.[44] Im ersten Fall erzieht die Aufmerksamkeit, indem sie uns einer sich formierenden Welt aussetzt, indem sie die Welt einlässt. Im zweiten Fall ist es hingegen die Aufmerksamkeit, die kraft dieser Erfahrung erzogen wird. In Wirklichkeit kann es eines ohne das andere nicht geben. Unterwerfung und praktische Beherr-

41 Ingold, *The Life of Lines*, S. 138–142.

42 Dewey, *Kunst als Erfahrung*, S. 70.

43 Masschelein, »The idea of critical educational research – e-ducating the gaze and inviting to go walking«, S. 282.

44 Ingold, *The Life of Lines*, S. 136.

schung sind zwei Seiten einer Medaille. Diese Medaille ist das Prinzip der Gewohnheit.

Schwach, arm und risikoreich

»Erziehung«, so verkündete der Dichter William Butler Yeats, »hat nicht den Auftrag, ein Gefäß zu füllen, sondern ein Feuer zu entfachen«.[45] Das Gefäß bietet Sicherheit und Vorhersehbarkeit, einen Anfangs- und einen Endzustand, mit messbaren Schritten dazwischen. Es führt zu Ergebnissen, die schon im Vorfeld des Prozesses bekannt und verstanden sein sollten. Das Feuer andererseits bringt uns alle in Gefahr. Weder kann man wissen, was zündet und was nicht, noch, wie lange das Feuer brennen, wie es sich ausbreiten wird oder was seine Folgen sein könnten. In seinem jüngsten Buch *The Beautiful Risk of Education* beschreibt Gert Biesta die Alternative als eine zwischen Essenz und Existenz, anders gesagt: zwischen Metaphysik und Leben.[46] Im metaphysischen Register appellieren wir an irgendeine Essenz der transzendenten Menschheit. Erziehung ist dann der Prozess der Menschwerdung: Sie hat die Aufgabe, dem Rohmaterial der unreifen Menschenkinder das Wissen, die Normen, Werte und Verpflichtungen der Individualität und der Zivilgesellschaft einzutrichtern; sie soll das Gefäß füllen. Sich für die Existenz zu entscheiden bedeutet im Gegensatz dazu, den Menschen einen mit anderen zusammen gelebten Lebensprozess, das heißt ein *soziales*

45 Auch wenn diese Erklärung üblicherweise Yeats zugeschrieben wird (etwa von Gert J. J. Biesta, *The Beautiful Risk of Education*, S. 1), hat sich diese Zuschreibung doch nie beweisen lassen. Als wahrscheinlichste Quelle darf der römisch-griechische Autor Plutarch gelten. In seiner Schrift »Vom Hören« schrieb er: »Denn der Verstand bedarf nicht, wie ein Gefäß, der Ausfüllung, sondern gleich einem brennbaren Stoffe, nur des Zunders […]«. Plutarch, »Vom Hören«, in: ders., *Moralia*, Bd. 1, Wiesbaden 2012, S. 95.

46 Biesta, *The Beautiful Risk of Education*, S. 17.

Leben zurückzugeben. Die Existenz – das Leben – ist kein *Menschwerdungs*prozess, sondern ein Prozess des *menschlichen Werdens*.[47] Die Frage der Erziehung ist nach Biesta, ob wir bereit sind, das Risiko des Lebens mit all seiner Ungewissheit, Unvorhersehbarkeit und seinen Enttäuschungen einzugehen oder ob wir auf der Ebene der Metaphysik eine dem Leben jenseitige oder ihm entgegengesetzte Gewissheit suchen. Wir haben die Wahl zwischen dem, was er den »starken« und den »schwachen« Weg der Erziehung nennt. Der »starke« Weg bietet Sicherheit, Vorhersagbarkeit und Risikofreiheit. Im Gegensatz dazu ist der »schwache« Weg ein langsamer und steiniger; seine Ergebnisse – wenn wir hier überhaupt von »Ergebnissen« sprechen können – lassen sich nicht mit Gewissheit vorhersagen. Wir leben in Zeiten, in denen Politiker, Regierende und Öffentlichkeit laut nach einer starken Erziehung rufen. Schwäche wird als Problem dargestellt. Biesta hingegen ist der Auffassung, dass wir Gefahr laufen, Erziehung und Bildung insgesamt zugrunde zu richten, wenn wir der Erziehung die Schwäche austreiben.[48] Denn damit hätten wir das Feuer gelöscht.

Man sieht sofort, dass sich die gerade zitierte Unterscheidung zwischen starken und schwachen Formen der Erziehung im Grunde mit unserer Unterscheidung zwischen Willen und Gewohnheit deckt. Das Prinzip des Willens legt im Vorfeld des Prozesses Ziele fest und versucht, die ihm unterworfenen Subjekten zu einem inneren Zustandswechsel zu bewegen. Im Falle der Erziehung handelt es sich dabei um nichts Geringeres als das Einpflanzen der menschlichen Essenz – so als wäre Erziehung ultimativer Teil eines Schöpfungsmoments, als sei sie auserkoren, Generation für Generation im Übergang von der Natur zur Gesellschaft die Geburt der Menschlichkeit zu rekapitulieren. Das Prinzip

47 Zu dieser Unterscheidung vgl. Tim Ingold, »Prospect«, in: Tim Ingold/Gisli Palsson (Hrsg.), *Biosocial Becomings: Integrating Social and Biological Anthropology*, Cambridge (UK) 2013a, S. 6–9.

48 Biesta, *The Beautiful Risk of Education*, S. 1.

der Gewohnheit hingegen geht weniger von Zielen aus; eher bringt es Neuanfänge hervor. Seine Kreativität besteht im »Tun des Erleben-Erleidens«, im *agencement*, durch das sich die Lebewesen im Schmelztiegel des Gesellschaftslebens permanent gegenseitig und selbst schmieden, wobei ihre Menschlichkeit kein vorherbestimmtes Ergebnis, sondern eine kontinuierliche zwischenmenschliche Leistung ist. Der Theologe Henry Nelson Wieman beschrieb sie als die Art von Kreativität, die »fortschreitend Persönlichkeit in Gemeinschaft schafft«. Hinter den kontingenten Dingen, die Menschen tun, befand Wieman, und dem Sammelsurium an Produkten oder »geschaffenen Gütern«, die aus diesem Tun hervorgehen, gibt es ein »schöpferisches Gut«, das dem menschlichen Leben in seinem Vermögen, Personen in Beziehungen zu erzeugen, innewohnt. Diese Form von Kreativität, so schreibt er, ist das, »was die Persönlichkeit erlebt, aber nicht tun kann«.[49] Sie fängt weder, wie es das Prinzip des Willens vorsieht, mit einer Intention des Bewusstseins an, noch endet sie mit deren Verwirklichung. Vielmehr setzt sie sich immer weiter fort, und jedes lose Ende bietet sich denen, die nachfolgen, als Chance zu einem Neuanfang dar. Von dieser Art ist die Kreativität des sozialen Lebens. Auch Biesta zeichnet einen ganz ähnlichen Kontrast zwischen einem starken und einem schwachen Schöpfungsbegriff: im starken Sinne als Übergang »vom Nichtsein zum Sein«, im schwachen als ein »Ins-Leben-Rufen des Seins«.[50] Wenn Erziehung im starken Sinne die Essenz der Menschlichkeit wiedererschafft, dann ist das, was sie im schwachen Sinne erschafft, die menschliche Existenz.

Obwohl wir von Geburt an alle Menschen sein mögen, impliziert doch die starke Logik der *Menschwerdung*, dass einige etwas menschlicher sind als andere. Kinder in ihren

49 Henry N. Wieman, *Intellectual Foundation of Faith*, London 1961, S. 63–66. Ich erörtere Wiemans Ideen im Einzelnen in: Tim Ingold, »The creativity of undergoing«, in: *Pragmatics and Cognition* 22, 1 (2014a).

50 Biesta, *The Beautiful Risk of Education*, S. 23.

»jungen Jahren«, die dem Ursprung noch näher sind und sich gerade erst auf den Weg der Menschlichkeit gemacht haben, erscheinen ihr weniger menschlich als Erwachsene, die fast schon die volle Qualifikation erworben haben. Der Auftrag von Erziehung im starken Sinne (von *educare*) ist es nun, jedes Kind aus seinem ursprünglichen Zustand der Naivität zu erheben und in die Freiheit der erwachsenen Intelligenz zu entlassen. Doch wie wir in Kapitel 1 gesehen haben, ist dieses Emanzipationsprojekt nicht im Mindesten geeignet, Ungleichheit abzuschaffen – es verewigt sie. Denn es nimmt von Anfang an eine Aufspaltung vor zwischen Menschen von minderem Intellekt (Kindern, aber ebenso Mitgliedern »traditioneller Gesellschaften« und den »Normalbürgern« unserer eigenen Gesellschaften), die emanzipationsbedürftig sind, und Menschen von überlegenem Intellekt (Erwachsenen, Wissenschaftlern und kultivierten Leuten), die den Auftrag haben, sie zu emanzipieren. Die Ersteren werden irgendwann ihrerseits zu Emanzipierern werden, aber nur um ihre Nachfolger wieder in die Position der Unterlegenheit zu drängen, damit der Kreislauf aufs Neue beginnen kann. Was der Philosoph Jacques Rancière als »Mythos der Pädagogik« bezeichnet, legt Zeugnis ab von einer Welt, die in »Wissende und Unwissende, reife Geister und unreife Geister, fähige und unfähige, intelligente und dumme« aufgeteilt ist.[51] Nachdem der Pädagoge den absoluten Nullpunkt, den Ground Zero des pädagogischen Prozesses verfügt hat, wirft er einen Schleier des Nichtwissens über alles, was zu lernen ist, nur um sich selbst den Auftrag zu erteilen, den Schleier anschließend wieder zu lüften. Dieser Auftrag besteht, Rancière zufolge, im *Erklären*: darin, »gleichzeitig Kenntnisse zu vermitteln und Geister zu bilden, indem man sie, einem geordneten Fortschreiten folgend, vom Einfacheren zum Komplizier-

51 Jacques Rancière, *Der unwissende Lehrmeister. Fünf Lektionen über die intellektuelle Emanzipation*, Wien 2018 [1987], S. 16 f.

teren leitet«.[52] Die Logik des Erklärens aber führt in einen infiniten Regress. Sobald irgendetwas erklärt wurde, wird es unumgänglich, die Erklärung zu erklären, usw., was den Empfänger der Erklärung, den unwissenden Schüler, immer abgeschlagener zurücklässt und sein Bedürfnis, »Anschluss zu finden«, immer drängender macht, damit er nur endlich den Abstand überbrücken kann, den die Logik des Erklärens ihm allererst aufgebürdet hat. Und was lernt der Schüler daraus? Er lernt, dass er ein minderwertiges Wesen ist, das nicht auf Verständnis hoffen darf, es sei denn, er bekommt die Dinge von den dafür vorgesehenen Leuten erklärt!

Wie sieht die Alternative aus? Es ist die schwache Logik des *menschlichen Werdens*. Dieser Logik zufolge ist die Menschlichkeit kein vorgefertigter Zustand, den wir in unterschiedlichen Graden erreichen können. Sie ist vielmehr das, was wir daraus machen, jeder auf seine Weise. Für Rancière ist dies gleichbedeutend mit der Annahme, dass jeder Mensch, ungeachtet seines Alters, seiner Herkunft und anderer Kriterien, die gleiche Intelligenz und die gleichen Fähigkeiten besitzt.[53] Natürlich sind alle Menschen ungleich, doch ihre Ungleichheit lässt sich nicht auf einer linearen Skala eintragen. Die Menschen unterscheiden sich nicht auf eine für alle gleiche Art und Weise, sondern sind in dem Sinne gleich, dass alle auf ihre je eigene Weise ungleich sind. Lehrer und Schüler stehen einander also mitnichten als Wissende und Unwissende gegenüber; als *Menschen*, die ihre je eigenen Geschichten zu erzählen haben, die sich auf einer Reise, die sie miteinander und zu einem niemandem bekannten Zweck unternehmen, einander zuwenden und aufeinander reagieren, blicken sie vielmehr in *dieselbe* Richtung. Rancière nennt das »ein reines Verhältnis von Wille zu Wille«,[54] obwohl ich diese Korrespondenz lieber als eine der

52 Ebd., S. 13.
53 Ebd., S. 119.
54 Ebd., S. 23.

Gewohnheiten oder *agencements* begreifen würde, da weder Wille noch intentionale Handlungsmacht irgendeiner Partei im Weg stehen sollte.

Was für eine Pädagogik aber soll das sein, bei der ein Lehrer nichts zu übermitteln oder weiterzugeben hat, nicht einmal besondere Methoden, Protokolle oder Regeln des Wissenserwerbs oder irgendwelche Formen seines Testens und Bescheinigens? Masschelein hat dafür ein Wort: Er nennt sie »arme Pädagogik«.[55] Sie ist »die Kunst des Wartens und Gegenwärtigmachens«, eine Einladung zum Hinausführen (*ex-ducere*), die Mittel zum Erfahren und Aufmerken anbietet. Sie gewährt die Chance, sich durch Übungen, die unsere Aufmerksamkeit auf das Wirkliche und seine Wahrheit hin spannen, auszusetzen: »nicht der Wahrheit über das Wirkliche, sondern der Wahrheit, die [...] in der Erfahrung aus dem Wirklichen erwächst«.[56] Vor allem anderen ist arme Pädagogik *schwach*, und wir werden durch sie geschwächt. Eine starke Pädagogik rüstet uns mit Wissen aus, erlaubt uns, unsere Abwehr gegen die Wechselfälle des äußeren Lebens zu stärken; sie immunisiert uns und verschafft uns die Sicherheit und Geborgenheit der Vernunft. Wenn uns irgendetwas beunruhigt, können wir über das Beunruhigende Rechenschaft ablegen und es zum Verschwinden bringen – oder mindestens in seinen Kontext rücken. In unsere Rüstung gezwängt und in unsere geistigen Abwehrmechanismen eingesperrt versäumen wir, die Realität, die uns die Welt anbietet, hereinzulassen und auf sie zu reagieren. Eine schwache Erziehung, die auf arme Pädagogik vertraut, erreicht genau das Gegenteil. Sie motiviert uns, aus der Sicherheit unserer defensiven Haltung auszubrechen, unsere Rüstung abzulegen und die Welt mit offenen Armen zu empfangen; sie ist eine Praxis der Abrüstung. Das ist Erzie-

55 Masschelein, »E-ducating the gaze: the idea of poor pedagogy«.
56 Masschelein, »The idea of critical educational research – e-ducating the gaze and inviting to go walking«, S. 283–285.

hung im Sinne des *ex-ducere*. Ihr geht es um Sich-Aussetzen, nicht um Immunisierung, sie macht uns verletzlich, nicht mächtig, zugleich aber schätzt sie Wahrheit und Weisheit höher als Wissen. Während starke Pädagogik versucht, das Gewünschte einzutrichtern, ist schwache Pädagogik die Suche nach dem Wünschenswerten. Sie ist eine Art von Sehnen, und insofern sie sensibel und verantwortungsbewusst mit anderen ausgeübt wird, ist sie auch eine Form der Fürsorge und Korrespondenz. Vor allem aber wird sie mit Aufmerksamkeit getan und erlebt.

Erziehung in Moll

Die undercommons

Im letzten Kapitel habe ich versucht, eine Grenze zu ziehen zwischen Erziehung im starken Sinne der Verkündung grandioser, kraftvoller Botschaften, die der gegenwärtigen Zivilisation als eine Art Gründungsdokument dienen, und Erziehung im schwachen Sinne der stockenden Überschüsse oder zögerlichen Abweichungen, die uns die Gewissheiten austreiben und uns aus unseren Abwehrbastionen und -haltungen herausreißen – die uns entwaffnen. Diese Grenze trennt, wie wir von Jan Masschelein lernen konnten, das *educare* (oder Erziehen im klassischen Sinne) vom *ex-ducere* (oder [in die Welt] hinausführen). Diese Unterscheidungen sind aber in Wirklichkeit nur Beispiele für den allgemeineren Gegensatz, den der Philosoph Gilles Deleuze und der Psychoanalytiker Félix Guattari zwischen »Königswissenschaft« und »minoritärer« Wissenschaft aufmachen.[1] Von einer Erziehung, die hinausführt, die den Lernenden eher der Erfahrung aussetzen als ihn indoktrinieren will, ließe sich also sagen, sie werde im Modus des Minoritären (Modus minor) oder in Moll gespielt.[2] Die musikalische Analogie trägt insoweit, als der Unterschied zwi-

1 Gilles Deleuze/Félix Guattari, *Kapitalismus und Schizophrenie. Tausend Plateaus*, Berlin 1992, S. 495–514.

2 Die in den englischen und lateinischen Bezeichnungen für die Tongeschlechter enthaltenen Zuschreibungen des »größeren, vorrangigeren, älteren« und des »nebensächlichen, untergeordneten, jüngeren« Modus, auf Englisch *major key* und *minor key*, die hier eine Brücke zum Thema der Erziehung bilden, sind mindestens den – eher Konnotationen des Männlichen und des Weiblichen transportierenden – Begriffen Dur und Moll im Deutschen nicht unmittelbar abzulesen und auch der deutschen Übersetzung von *Milles plateaus* schwerlich zu entnehmen, Anm. d. Ü.

schen den beiden Tongeschlechtern Dur und Moll u. a. darin besteht, dass das harte Dur-Geschlecht selbstbewusst, bestimmt und zuversichtlich klingt, das weiche Moll dagegen als beklommen, verwirrend, mitunter als fragend wahrgenommen werden kann. Dur steht gemeinhin für Helligkeit und Licht, während Moll oft als dunkel empfunden wird. Wer an die Aufklärung glaubt, hält Dunkelheit nicht mehr für ein notwendiges Übel. Ihm wird die Vorstellung einer Erziehung zur Dunkelheit bestenfalls wie eine Contradictio in adiecto vorkommen, schlimmstenfalls wie ein Fahrstuhl zum Schafott. Die Anhänger der Aufklärung aber sind die Sieger im Wissenswettbewerb: Es sind in der Regel die kultivierten Menschen, nicht die in ihre Kulturen eingelassenen Menschen; Wissenschaftler, nicht die einfachen Leute; Erwachsene, normalerweise keine Kinder. Und wo es Sieger gibt, gibt es Besiegte, die die Aufklärung der Eroberer als Unterdrückung, Knechtung oder Produktion von Ignoranz erleben. In diesem Kapitel möchte ich zeigen, dass nur eine Erziehung, die Variationen im Minoritären toleriert, eine nicht-illusionäre, reale Freiheit verspricht und uns aus Autoritätsstrukturen befreit, die ganz offensichtlich unhaltbar sind. Eine solche Erziehung verdammt uns nicht zur Dunkelheit der steinzeitlichen Höhle, sie ist für uns der einzig gangbare Weg, um das Leben am Leben zu erhalten und künftigen Generationen Neuanfänge zu ermöglichen.[3]

3 In Anlehnung an die Schriften von Giorgio Agamben hat der Bildungsphilosoph Tyson Lewis ein ganz ähnliches Argument vorgebracht: »Sein eigenes Potential zu verwirklichen«, in dem Sinne, wie im Mehrheitsdiskurs der fortschrittlichen Pädagogik davon die Rede ist, heiße in Wahrheit nichts anderes, als es zu vernichten. Um fortbestehen zu können, müssten wir ein »reines Potential« beibehalten, das nicht in seiner Verwirklichung aufgeht. »Das reine Potential losgelöst von seiner Funktionalität für die Verwirklichung zu denken«, schreibt Lewis, »heißt nicht, dem Licht zu folgen«, sondern, »Dunkelheit und Schatten zu durchwandern«. Tyson E. Lewis, »Rethinking the learning society: Giorgio Agamben on studying, stupidity, and impotence«, in: *Studies in Philosophy and Education* 30 (2011), S. 585–599, hier: S. 594.

Lassen Sie mich eingangs wieder auf Deweys Begriff der Kommunikation zurückkommen, den ich durch das *commoning* ersetzt habe. Das *commoning* (die soziale Interaktion) in diesem Sinne heißt nicht, eine Reihe grundlegender Eigenschaften zu identifizieren, mit denen alle Teilnehmer angeblich von Anfang an ausgestattet sind. Es impliziert vielmehr eine Anspannung der Aufmerksamkeit, durch die jeder Teilnehmer seine Erfahrungen in einer Weise nach vorne wirft, dass sie mit den Erfahrungen anderer in Bezug treten können; diese anderen tun genau dasselbe, wodurch sich eine Korrespondenz ergibt, die das übersteigt, was sich jeder und jede Einzelne von ihnen zu Beginn hätte vorstellen können; dadurch wird es ihnen möglich, ihr Leben gemeinsam fortzusetzen. Dieses Nach-vorne-Werfen, das ich auch als »Sehnen« bezeichnet habe, ist nicht auf ein Ziel gerichtet. Es hat keine vorherbestimmten Ziele oder Zwecke. Ersehnte Zustände sind undefiniert und undefinierbar, sie liegen jenseits des begrifflichen Horizonts, und aus genau diesem Grund bleiben sie offen für alle. Der zum Sehnen gehörige Überschuss von Erleben-Erleiden über das Tun erlaubt es denen, die nichts gemein haben, trotz allem, die Gegenwart der jeweils anderen zu begrüßen, sich miteinander zu beschäftigen und aufeinander einzugehen, um so eine aus Beziehungen gewirkte Gemeinschaft zu schaffen. Mit welchem Begriff sollten wir also den Bereich bezeichnen, in dem sich das *commoning* abspielt? Stefano Harney und Fred Moten – ein Bildungstheoretiker und ein Literaturwissenschaftler – schlagen hierfür den Begriff der *undercommons* vor.[4]

Die *undercommons* gibt es immer, auch wenn sie kaum thematisch werden. Und durch ihr Dasein beleben oder beseelen sie unaufhörlich eine Welt, die sonst auf präformierte Bewegungen festgelegt wäre. Ein so konzipiertes *undercommoning* ist die Antithese zum Verstehen (*understanding*), das

4 Stefano Harney/Fred Moten, *Die Undercommons. Flüchtige Planung und schwarzes Studium*, Wien u.a. 2016 [2013].

oft als Vorbedingung für gesellschaftliche Zivilität und als oberstes Ziel von Bildung oder Erziehung betrachtet wird. Beim Verstehen kommt das Wissen der Aufmerksamkeit zuvor. Wie wir im letzten Kapitel gesehen haben, schafft das Verstehen ein Fundament, einen Sockel, auf dem jeder und alles an seinen rechten Ort gerückt werden können. Es bildet im wahrsten Sinne des Wortes ein allem und allen zugrunde liegendes Substrat. Auf der sicheren Basis unseres gemeinsamen Standpunktes können wir uns (allem anderen) verschließen. So seiner selbst und der eigenen Klarheit gewiss das Verstehen ist, so dunkel und tastend ist das *undercommoning*. Es bringt jeden und alles aus der Reihe und aus jeglichem Konzept. Die *undercommons* gehen mit Erschütterungen einher, sie bringen die Dinge durcheinander. Ungefähr so, wie man sich fühlt, wenn einem im Gelände allmählich dämmert, dass man sich verlaufen hat. Irgendwo ist man vom Weg abgekommen, alles erscheint einem auf seltsame Weise unzusammenhängend. Der Boden, auf dem man sich gerade noch mit so viel Selbstvertrauen fortbewegt hat, bietet nun kaum noch Halt.[5] Man befindet sich in Gefahr, ist ausgeliefert. Zur gleichen Zeit ist man so gegenwärtig wie nie zuvor, da jedes Geräusch, jeder Lichtschein und jedes Gefühl eine ungeahnte Intensität annehmen. In der Unsicherheit des *undercommoning*, nicht in der Sicherheit des Verstehens sind wir füreinander und für die Welt wirklich offen.

Diese gesteigerte Intensität ist, wie Erin Manning gezeigt hat, typisch für die Wahrnehmungserfahrung von Menschen, die von der Schulpsychiatrie als »autistisch« dia-

5 »Verlorensein rückt grell die Abwesenheit des angenehmen Geerdetseins in den Blick, das man normalerweise empfindet, wenn man den richtigen Weg gefunden oder genommen hat. Hat man ihn verloren, fühlt sich der Boden unter den Füßen weniger fest an; der Weg wird mit jedem Schritt weniger zuversichtlich ›begangen‹, aus Angst, dass er einen in die Irre führt«. Jo Lee Vergunst, »Taking a trip and taking care in everyday life«, in: Tim Ingold/Joe Lee Vergunst (Hrsg.), *Ways of Walking: Ethnography and Practice on Foot*, Aldershot 2008, S. 105–121, hier: S. 119.

gnostiziert werden.[6] Während Autismus klassischerweise als ein Zustand des Rückzugs definiert wird, dem ein Mangel an oder die Abwesenheit von normalen Fähigkeiten der Interaktion mit anderen zugrunde liegt, belegt Manning, u.a. gestützt auf schriftliche Äußerungen von Autisten selbst, dass genau das Gegenteil der Fall ist. Was für die meisten von uns nur in Momenten radikaler Unsicherheit leitend wird – nämlich etwa, wenn wir uns beim Wandern verirren –, ist für autistische Menschen ein chronischer Zustand. Dieser zeichnet sich im Grunde weniger durch Verschlossenheit als durch eine Offenheit aus, die unerträglich werden kann. Wenn sie sich zurückziehen, so ist der Rückzug möglicherweise eine Abwehrreaktion gegen eine überwältigende Zunahme von Sinnesreizen, vergleichbar damit, wie wir uns manchmal gegen ohrenbetäubenden Lärm die Ohren zuhalten oder unsere Augen mit der Hand vor dem Licht schützen. Wie Manning bemerkt, kann es so aussehen, als seien Autisten unbeteiligt oder abgelenkt, obwohl sie in Wirklichkeit, »geködert von unendlicher Komplexität, in der wahren Fülle der Aufmerksamkeit leben«.[7] Im letzten Kapitel habe ich zwei Bedeutungen der Ablenkung unterschieden, und zwar in ihrer jeweiligen Gegensätzlichkeit zu zwei alternativen Konzeptionen der Aufmerksamkeit, die vom Prinzip des Willens respektive von dem der Gewohnheit regiert werden. Im einen – dem Anhalten und Kontrollieren entgegengesetzten – Sinne bedeutet Ablenkung den Verlust geistiger Konzentration; im anderen – der einfühlsamen Begleitung entgegengesetzten – Sinne bedeutet sie eine Umlenkung der Aufmerksamkeitsrichtung. Bei Autisten ist das, was wir für Ersteres halten, in Wahrheit Letzteres: Ihre Ablenkung ist die des Köders, durch den eine übermäßig beteiligte Aufmerksamkeit gleichzeitig in so viele Richtungen gezogen wird, dass sie erstarrt. Weil wir

6 Erin Manning, *The Minor Gesture*, Durham (NC) 2016.

7 Ebd., S. 138.

die beiden verwechseln, neigen wir dazu, autistisches Abgelenktsein als Aufmerksamkeitsdefizit misszuverstehen.

Autisten verweilen, Manning zufolge, genau in dem Bereich, den der Rest von uns so schnell hinter sich lässt, dass er uns kaum auffällt, es sei denn z.B., wir verlaufen uns. Wenn wir uns von Menschen und Dingen umgeben sehen, die wir ohne weiteres kategorisieren können, nehmen wir die Form als Abkürzung. Wir wissen, wer und was sie sind. Erst dann, aus der Sicherheit unserer jeweiligen Positionen heraus, beginnen wir – wie allegorische Schachspieler –, mit ihnen zu interagieren. Verschlossenheit ist die Voreinstellung, aus der wir anderen Intentionen, Motive und Standpunkte zuschreiben.[8] Doch sie, die Autisten, *nähern sich der Form* immer *nur an* (are always *edging into form*), während sie genau dort verharren, wo noch nichts geklärt ist, und sich an die Aufwallungen der ewig-veränderlichen Erfahrung halten, noch bevor diese portioniert und kategorisiert wurde. Sie reagieren immer schon auf die phänomenale Welt, die sie permanent in Atem hält, bevor ihnen noch irgendeine Möglichkeit der formalen Identifikation und Interaktion zur Verfügung steht. »Es gibt eine deutliche Pause«, wie sich Manning ausdrückt, »zwischen der unmittelbaren Wahrnehmung der auftauchenden Ökologie und dem eigentlichen Gestalt-Annehmen der darin befindlichen Objekte und Subjekte«.[9] In der autistischen Wahrnehmung

8 Es ist auch die Voreinstellung, die in der klassischen Kognitionspsychologie herrscht. Anderen als eine Vorbedingung der Interaktion Intentionen bzw. Absichten zuzuschreiben geschieht im Namen einer »Theorie des Geistes«. Autisten werden folglich als Personen mit einer defizitären Theorie des Geistes charakterisiert, denen es nicht gelingt, anderen mentale Zustände zuzuschreiben. Vgl. z.B. Simon Baron-Cohen/Michael Lombardo/Helen Tager-Flusberg (Hrsg.), *Understanding Other Minds: Perspectives from Developmental Social Neuroscience*, Oxford 1993. Selbstverständlich leidet diese Art von Psychologie selbst an einem Aufmerksamkeitsdefizit, das sie davon abhält, die emergente Ökologie der direkten Wahrnehmung zu verstehen oder überhaupt nur zur Kenntnis zu nehmen.

9 Manning, *The Minor Gesture*, S. 112.

ist es so, als würde diese Pause in Slow Motion erlebt. Manning betont andererseits aber auch, dass die autistische Wahrnehmung »nicht nur Autisten vorbehalten ist«.[10] Sie ist bei kleinen Kindern verbreitet, deren lebhafte Wahrnehmung durch die repressive Disziplinierung der Erwachsenen erst noch beschnitten werden muss; auch ist sie kennzeichnend für die Seinsweise bestimmter indigener Völker, die von Anthropologen gerne als »animistisch« bezeichnet werden. Diese Menschen leben in einer Welt der Bewegung und des Werdens, der Anfänglichkeit oder permanenten Geburt, in der alles und jeder immer im Begriff ist, sich als das zu offenbaren, was er, sie oder es ist.

Auch wenn diese Form der Wahrnehmung sehr stark durch andere, endgültigere Formen in den Hintergrund gedrängt, gar unterdrückt wird, können wir doch in dem Maße, wie der Funke der Aufmerksamkeit gottlob noch nicht gänzlich ausgelöscht ist, auf sie zurückgreifen. Sie ist uns allen geläufig, weil wir, ob wir es wollen oder nicht, schon Einwohner der *undercommons* gewesen sind, bevor wir überhaupt unseren Einstand im soliden Verstehen finden. Dieser Bereich des autistischen Verharrens, des Erwachens der Kindheit und des Geist-erfüllten Welt-Bildens lebt in dem, was Manning *minor gestures*, also »kleine« oder »minoritäre« Gesten nennt, in diesen winzigen Störungen oder Ablenkungen, bei denen die Dinge aus der Reihe tanzen und die Erfahrung für potentielle Variationen öffnen. Wie wir in Kapitel 1 gesehen haben, kann es kein *commoning* ohne Variation geben. Auch wenn sie von den *grand gestures*, den »großen« Gesten – den Behauptungen, Kategorisierungen, Erklärungen – in den Schatten gestellt werden, sind die kleinen Gesten doch immer da; sie machen sich hinter den Kulissen bemerkbar. Und in einem neueren Buch, das der minoritären Geste gewidmet ist, stellt Manning die folgende Frage: Wie wäre es, wenn wir die Erfahrung des

10 Ebd., S. 14.

Autismus (oder der Kindheit oder des Animismus) zum Ausgangspunkt unserer Untersuchung nähmen, statt sie als Abnormität oder als einen Zustand zu betrachten, dem man entwachsen oder den man durch Vernunft überwinden muss? Wie wäre es, wenn wir nicht an der »körperlichen Intaktheit« (*able-bodied-ness*) des unbedürftigen, wehrhaften und immunen Wesens ansetzen würden, sondern an der lebhaft-körperlichen Aufgeschlossenheit für die Welt, wie sie Autisten, Kleinkinder und Animisten kennzeichnet?

Vielleicht sollte der Gegensatz zu »körperlich intakt« nicht »behindert« oder »gehandicapt«, sondern »beseelt« (*enlivened*) lauten. Der beseelte Körper ist vielleicht vulnerabel und gefährdet, doch begegnet er der Welt mit Lebendigkeit. Während der intakte Körper des selbstgenügsamen, willensgesteuerten Akteurs gewissermaßen zur Umsetzung von Intentionen in Betrieb genommen wird, befindet sich der beseelte Körper je schon mitten im »Tun des Erleben-Erleidens«, des Lebewesen-ins-Leben-Rufens oder, wie Manning es nennt, des »das Leben Lebens«.[11] Er ist von Geist erfüllt, er ist animiert. Wie wäre es also, wenn wir mit dem Sich-am-Rande-der-Form-Halten, dem Aufwallen der Erfahrung, der Ökologie der Aufmerksamkeit, der Phänomenologie der direkten Wahrnehmung des animierten Seins beginnen würden? Wie wäre es, mit anderen Worten, wenn wir an der kleinen Form, dem Minoritären, dem Modus minor ansetzten? Wie könnten wir sie nutzen, um die hegemonischen Lehrsätze der großen Form, des Majoritären, des Modus major, in Frage zu stellen? Welche Folgen hat das für unsere Vorstellungen von Erziehung, von Studium und Schule, Lehren und Lernen oder den Freiheiten, von denen beide abhängig sind und die sie andererseits zum Ausdruck bringen? Mit diesen Fragen will ich mich im vorliegenden Kapitel befassen. Und meine Lektüre von Mannings Buch *The Minor Gesture* hat mich dazu gebracht, es zu schreiben.

11 Ebd., S. 8.

Das Majoritäre und das Minoritäre, Modus major und Modus minor

Es gibt zwei Arten von Wissenschaft, sagen Deleuze und Guattari.[12] Die eine verfolgt die festgelegten Bewegungen partikelförmiger Körper in einem Raum, der sich teilen, berechnen und aufschlüsseln lässt. Dies ist die »archimedische«, »majoritäre«, »staatliche« oder »Königswissenschaft«, mit der wir durch unser Schulwissen alle nur zu vertraut sind. In dieser Wissenschaft zweifeln wir nicht daran, dass die Festigkeit das Ursprüngliche, Flüssigkeit hingegen das Abgeleitete ist; dass Identität und Gleichförmigkeit früher da sind als Differenz und Variation; dass Bewegung die geradlinige Transposition eines Körpers von einem Punkt zum anderen ist; dass sich Komplexität durch eine quantitative Berechnung ihrer Elemente herauskürzen lässt. Die »exzentrische«, »nomadische« oder »minoritäre« Wissenschaft, immer eine existenznotwendige Unterströmung der majoritären, ist in jeder Hinsicht ihr Gegenteil. Sie beginnt mit der Flüssigkeit und erkennt in Dingen, die uns in Form und Verfasstheit festgelegt zu sein scheinen, nur die Umrisse oder Hüllen ewiger Bewegung. Auf diese Weise stellt sie Variation, Heterogenität und Werden über Gleichförmigkeit, Homogenität und Sein. Der minoritären Wissenschaft gilt Bewegung nicht als Transposition, sondern als Erzeugung von Form, doch nur insofern sich die Bewegung selbst bewegt: insofern sie von der Geraden, definiert als kürzester Strecke zwischen zwei Punkten, abweicht, das heißt aus der durch sie vorgegebenen Bahn ausschert. Ihre Verhältnisse sind topologisch, nicht statistisch; ihre Komplexität ist nicht kalkulierbar. Und ihr Raum – einmal gefaltet und verknittert, das andere Mal gedehnt und gespannt – lässt sich nicht berechnen oder tei-

12 Deleuze/Guattari, *Kapitalismus und Schizophrenie. Tausend Plateaus*, S. 495 f.

len. Mit Deleuze und Guattari gesprochen ist er eher »glatt« als »eingekerbt«.[13] Man kann ihn weder nach seiner Größe und Ausdehnung noch nach seiner Eignung für arithmetische Multiplikation oder Division beurteilen, sondern nur nach seinem Potential für Verzerrung, Veränderung oder Verwandlung.

In ihrer ganzen Entschlossenheit, die Autorität des Majoritären gegen das Störfeuer des Minoritären zu verteidigen, sind die Kosmologen der Moderne doch daran gescheitert zu erklären, wie sich der Raum in den Faltungen des Universums in bestimmtem Maße selbst krümmen und die Zeit unterschiedlich schnell vergehen kann. Die Widersprüche, in die sie sich verwickelten, hat ihnen bekanntlich den Spott Marcel Duchamps eingetragen, der in *3 Kunststopf-Normalmaße* drei jeweils genau einen Meter lange Fäden aus einem Meter Höhe auf drei gespannte Leinwände fallen ließ. Die Kurven und Biegungen der gefallenen Fäden, jeder von ihnen im Akt des luftbedingten Verdrehens und Taumelns aufgefangen, provozieren uns mit der Frage: »Wo ist euer Meter jetzt?« Keiner der Fäden kann allen als Maß dienen. Wie können wir die Variationen des Fadens messen, wenn uns die Operation des Messens zwingt, die Fäden glattzuziehen – und dadurch alle Variation zum Verschwinden zu bringen? Machen wir die Probe aufs Exempel: Jedes fallende Fadenstück landet auf seine ganz eigene, niemals gerade Weise und weicht an jeder einzelnen Stelle ein wenig vom geraden Kurs ab. Die einzige Möglichkeit, ein solches Stück zu messen, besteht darin, es in seiner gesamten Länge nachzuzeichnen oder ihm, mit einem Wort, zu *folgen*. Messen heißt also Folgen: Der Meter wird nicht auf einen absoluten Wert festgenagelt, sondern die Geste des Verfolgens stellt ihn dar. In der minoritären Wissenschaft bedeutet, das Maß der Dinge zu nehmen, nicht, eine Reihe von Punkten zu identifizieren und sie auf einer höheren Be-

13 Ebd., S. 496.

ziehungsebene erneut zu verbinden. Man steigt nicht per *In*-duktion von den Fakten »am Boden« zu den Theorien auf und gelangt auch nicht durch den umgekehrten Prozess der *De*-duktion von den Theorien zu den Fakten. Ins Freie führt allein der sinnliche Weg kontinuierlicher Variation, den ich als *Ex*-duktion bezeichnen möchte.

Jeder dieser Wege stellt, Deleuze und Guattari zufolge, eher ein Problem als ein Theorem dar.[14] Das Theorem ist relational, das Problem ist affektiv. Und Kennzeichen echter Probleme ist, dass Lösungen sie nicht zu einer beschlossenen Sache machen, sondern dass sie darin im wahrsten Sinne des Wortes erst *aufgehen*. Scheinprobleme enthalten schon ihre Lösungen; die Lösungen sind in ihnen versteckt, und der Trick besteht lediglich darin, sie zu finden. Das Puzzle, der Zauberwürfel, das Kreuzworträtsel: Für alle gibt es eine richtige Lösung, und der Lösungsweg lässt sich im Prinzip und mit ein wenig Erfahrung so weit beschleunigen, dass der Zeitaufwand minimal wird. Für echte Probleme aber gibt es keine fixen Lösungen. Sie brauchen Zeit – eine Zeit des »geduldigen Experimentierens«, wie Manning sagt.[15] Die hier erforderliche Geduld ist aber nicht die des archimedischen Wissenschaftlers, der ganz mechanisch immer wieder dasselbe Verfahren anwendet, um seine Ergebnisse zu verifizieren. Das Ziel geduldigen Experimentierens ist nicht, eine im Vorfeld aufgestellte Hypothese zu überprüfen, sondern einen neuen Weg einzuschlagen und diesem zu folgen, wohin er auch führt; es ist weniger ein wiederholendes (*iterative*) als ein umherziehendes (*itinerant*); eher eine Reise, die man unternimmt, als ein Kreislauf, der immer wieder an einen bestimmten Punkt zurückführt. Das Ziel ist eher der Intuition als der Vernunft gegeben; es arbeitet eher von innen nach außen als von außen nach innen; ist eher ein Aufbrechen als ein Eindringen; mehr prospektiv als retro-

14 Ebd., S. 513.

15 Manning, *The Minor Gesture*, S. 13.

spektiv, mehr improvisierend als vorschreibend, mehr spekulativ als feststellend. Die Geduld des Experimentierens in diesem Sinne liegt in der Dynamik der Aufmerksamkeit und der Ausdauer des Wartens. Wir müssen den Dingen die Chance geben, in ihrer selbstbestimmten Zeit gegenwärtig zu werden: Sie lassen sich nicht erzwingen.

Denken wir an den beim Wandern zurückgelegten Weg. Der Weg stellt ein reales Problem dar: Er mutet uns zu, ihm zu folgen, doch im Folgen des Wegs lösen wir das Problem nicht, sondern wir beantworten es auf Schritt und Tritt; das heißt, wir korrespondieren mit ihm. Der Weg bietet uns Gelegenheit, fortzufahren und fortgetragen zu werden: Unterwegs müssen wir uns nach vorne tasten, wobei uns kein Schritt einer endgültigen Lösung näherbringt, sondern immer wieder einen Neuanfang bedeutet. Das eine Problem, so sagen wir, führt zum nächsten. Und jeder variable Schritt, den wir auf dem gemeinsamen Weg durch die *undercommons* gehen, ist eine minoritäre Geste. Wie bei jeder anderen Gewohnheitsbewegung reift auch beim Wandern ein undefinierbares Sehnen, das in der Aufmerksamkeit aufwallt und uns den Weg entlangzieht, schließlich zu einem genau platzierten und geschickt ausgeführten Manöver heran: dem Schritt. Unterwerfung geht in Beherrschung über, so wie das Einatmen ins Ausatmen.[16] Für Manning hat die Bewegung aus diesem Grund eher den *Charakter einer Entscheidung* als den eines Willensaktes.[17] Die Entscheidung erfordert im buchstäblichen Sinne einen Schnitt, doch ist es eine ganz bestimmte Art von Schnitt. Um seine Eigenart zu erfassen, wollen wir verschiedene Weisen des Holzschneidens vergleichen: mit einer Säge gegen die Maserung oder mit einer Axt entlang der Maserung. Die quer schneidende Säge beschert uns das Ergebnis einer äußeren Festlegung. Ich habe das Holz vermessen und bewusst entschieden,

16 Tim Ingold, *The Life of Lines*, Abingdon 2015, S. 139 f.
17 Manning, *The Minor Gesture*, S. 19.

wo ich den Schnitt ansetzen muss, um es in Blöcke von bestimmter Länge zu zerteilen. Das Holz ist nichts weiter als das Material unter meinen Händen, das nach meinen Vorgaben geformt werden soll und im Zuge meines Schneidens vom Sägblatt zu einem homogenen Faserbrei reduziert wird. Mit einer Axt dagegen dringe ich in die Maserung ein, spalte das Holz von innen heraus entlang einer Faserlinie, die ich nicht selbst gezogen habe, sondern die dem Holz im Laufe seiner Wachstumsgeschichte, als es noch Teil des lebendigen Baums war, eingeschrieben wurde. »Jedenfalls geht es darum«, sagen Deleuze und Guattari, »dem Holz nachzugeben und dem Holz zu folgen«.[18]

Beim Holzhacken entspringt diese Entscheidung der Korrespondenz zwischen Holz und Metall sowie den Kräften, die sie entfalten, wenn sie miteinander in Verbindung treten. Es ist eine Entscheidung, die während des Hackens getroffen wird, nicht vorher, und sie verändert den Lauf der Dinge, wie Manning sagt, *»im Zuge des Ereignisses«*.[19] Dadurch führt sie eine Variation ein, zwar nicht in die Bewegung selbst, aber doch *in die Art und Weise, wie die Bewegung bewegt*. Manning nennt das eine »Beugung« (*inflection*). Der Beugungspunkt markiert den Übergang von der Unterwerfung zur Beherrschung oder vom Sehnen zum Manöver, an dem »aus einem vagen Frühstadium eine Gerichtetheit wird«.[20] Sich diesem Punkt zuzuwenden heißt, Bewegungsdifferentiale wahrzunehmen: am Holzhacken oder an der variablen Gangart des Wanderers, aber auch am Steigen und Fallen der Melodie beim Singen oder am Duktus der Handschrift. Jeder entscheidungsbedingte Schnitt – sei es im Rahmen der Holzverarbeitung, des Wanderns, des Singens oder Schreibens – beinhaltet ein Differential der Art und Weise, wie die Bewegung bewegt, die es letztlich in die eine

18 Deleuze/Guattari, *Kapitalismus und Schizophrenie. Tausend Plateaus*, S. 564.

19 Manning, *The Minor Gesture*, S. 20; Hervorhebung hinzugefügt.

20 Ebd., S. 118.

oder andere Richtung lenkt. Praktisches Wissen oder Können (*skill*) besteht nicht darin, einer gefügigen Materie eine äußere Form aufzuzwingen, sondern darin, die Struktur der Dinge zu erkennen und sie einem sich entwickelnden Zweck anzuverwandeln.[21] Es ist sicherlich weder ein Zufall, dass das englische Wort *skill* auf das mittelniederdeutsche *schillen*, »einen Unterschied machen«, und das altnorwegische *skilja*, »teilen, abtrennen, unterscheiden, entscheiden« zurückgeht; noch, dass es in einer etymologischen Reihe mit dem englischen Wort *shell* steht, das ein Gehäuse (eine Schale, einen Mantel, einen Panzer ...) bezeichnet, das sich dadurch öffnen lässt, dass man es entlang der Maserung oder Faserung spaltet oder auftrennt. Die minoritäre Geste spaltet das Ereignis von innen heraus. Sie ist, kurz gesagt, ein Modus dessen, was ich »interstitielle Differenzierung« (*interstitial differentiation*) nennen möchte.[22]

Die Freiheit der Gewohnheit

Lassen Sie mich noch einmal zu den beiden – auf dem Prinzip des Willens respektive dem der Gewohnheit beruhenden – Deutungen der Aufmerksamkeit zurückkehren, die ich in Kapitel 2 eingeführt habe. Nach der ersten Deutung des Anhaltens-und-Kontrollierens unterbricht Aufmerksamkeit die Bewegung, um eine transversale Beziehung zwischen Subjekt und Objekt, Geist und Welt zu etablieren. Der zweiten Deutung einer einfühlsamen Begleitung (*responsive accompaniment*) nach folgt die Aufmerksamkeit den angeregten Bewegungen, mit denen sie harmonisch gekoppelt ist: Hier ist es ein Mit-Gehen, keine transversale, sondern eine longitudinale Bewegung. Von Masschelein

21 Tim Ingold, *Being Alive: Essays on Movement, Knowledge and Description*, Abingdon 2011, S. 211.
22 Ingold, *The Life of Lines*, S. 23.

haben wir schon vernommen, dass sich der Weg der Aufmerksamkeit in diesem zuletzt genannten Sinne einen Weg durch die querläufigen Verbindungen bahnt, die von einer Aufmerksamkeit der erstgenannten Art geschaffen werden. Wie vielleicht unterdessen deutlich geworden ist, entspricht die Unterscheidung zwischen dem Quer- und dem Längsläufigen genau der in diesem Kapitel eingeführten Unterscheidung zwischen Majoritären und dem Minoritären, musikalisch gesprochen zwischen Dur und Moll. Die beiden Modi oder Tongeschlechter stehen »rechtwinklig« oder vielleicht besser: quer zueinander. Der Anspruch des – männlich konnotierten – Dur-Geschlechts ist es, dass wir unsere Handlungen von außen orchestrieren und dirigieren; dass wir für jede einzelne Bewegung, die wir ausführen, eine willentliche Entscheidung getroffen haben und anschließend auf diese Entscheidung hin handeln. Solche Ansprüche aber sind typischerweise Teil der retrospektiven Erklärung unserer Taten, einer, wie Manning sich ausdrückt, »Rückrasterung« (*backgridding*) der Ereignisse, die schon stattgefunden haben.[23] Wir haben vielleicht das Gefühl, aus eigenem Antrieb gehandelt zu haben, so als wäre unsere Handlungsintention die Ursache und die Handlung deren Ergebnis; das Gefühl eines Willens sollte aber nicht mit dem Willen an sich verwechselt werden. In Wahrheit ist es für uns ebenso unmöglich, uns außerhalb unseres Handelns zu stellen und es von Anbeginn vollkommen zu kontrollieren, wie in der Erfahrung das, was wir tun, von dem zu unterscheiden, was wir erleben oder erleiden. In der Praxis fallen die Entscheidungen beim Tun, der Handelnde bleibt ein Teil der Tat. Der Akt taucht aus einem Aufmerksamkeitsfeld auf, so wie eine sich anbahnende, zunächst kaum merkliche Bewegung zu einem stabilen Richtungssinn heranreift. Damit zollen wir der erzeugenden Kraft der minoritären Form Anerkennung.

23 Manning, *The Minor Gesture*, S. 19.

Bedeutet dieses Eingeständnis, dass wir in irgendeinem Sinne weniger frei sind, als wir dachten? Keinesfalls. Ganz im Gegenteil möchte ich zeigen, dass das Prinzip des Willens nur eine Illusion von Freiheit gewährt, während echte Freiheit im Prinzip der Gewohnheit liegt. Es geht aber gar nicht darum, ob Gewohnheit oder Wille nun mehr Freiheit ermöglichen. Worum es geht, ist die *Art* von Freiheit, von der überhaupt die Rede ist. Um eine Antwort zu finden, wollen wir uns noch einmal dem Wanderer auf seinem Weg anschließen. Welche Art von Freiheit genießt er? Es ist keine Freiheit, die er als Individuum besitzt und von der er nach Belieben Gebrauch machen kann. Schließlich muss er sich dem Weg ausliefern und diesem folgen, wohin er ihn auch führt. Ebenso wenig aber ist er, wie die in einem Irrgarten Gefangenen, die hinter jeder Ecke zahlreiche Alternativen zur Auswahl haben und doch auf allen Seiten von Mauern eingeschlossen sind, äußeren Bestimmungen unterworfen.[24] Der Irrgarten ist wie ein Puzzle, das seine Lösung bereits enthält: Er ist ein Scheinproblem; die Freiheit, die er gewährt, ist eine Scheinfreiheit. So wie sich Scheinprobleme von ihren Lösungen her definieren lassen, sind Scheinfreiheiten durch ihre Ziele definiert. Der Irrgarten ist eine Falle, und die Insassen, die sich frei wähnen, sind in Wirklichkeit Gefangene. Die scheinbare oder falsche Freiheit endet an den mit Notwendigkeit vorgeschriebenen Zielen. Der beim Wandern zurückgelegte Weg hingegen mag mal intensiver, mal weniger intensiv sein, er geht immer weiter, über die eigenen Ziele hinaus, und eben *darin liegt seine Freiheit*. Es ist nicht die Freiheit, aus einem begrenzten Spektrum von Möglichkeiten zu wählen oder – wie in der abstrakten Definition der Ökonomie – knappe Mittel unter Bedingungen alternativer Verwendung zuzuweisen. Beim Wandern ist es vielmehr die Freiheit des Improvisierens, im Austausch mit den umweltbedingten Variationen unterwegs einen Weg zu

24 Ingold, *The Life of Lines*, S. 131.

finden. Was der Weg bietet, ist nicht die Wahl zwischen alternativen Zielen, sondern Wachstum und Korrespondenz.

Anders gesagt: So wie der wandernd zurückgelegte Weg ein reales Problem darstellt, so ist seine Freiheit eine reale Freiheit. Wichtig festzuhalten ist, dass sich reale Freiheit nicht durch ihren Gegensatz zur Notwendigkeit äußerer Bestimmung definiert. Das Paradoxon der Scheinfreiheit besteht darin, wie der Philosoph Roberto Esposito beobachtet hat, dass sie unaufhörlich »zu einem festgelegten Ergebnis, zu ihrer eigenen Negation« gedrängt wird.[25] Eine solche Freiheit muss sich immer *gegen* die Notwendigkeit definieren. Vielleicht haben Sie die Freiheit, Ihre eigenen Ziele zu verfolgen, woher aber kommen Ihre Ziele? Der vielgepriesene »freie Wille« des menschlichen Subjekts wäre letztlich nicht mehr als ein planloses Vibrieren in den Grenzen bestimmter struktureller Vorgaben, gäbe es keinen vorgängigen Zweck, der ihn absicherte. Vielleicht entsprang auch dieser vorgängige Zweck einmal dem Akt eines freien Willens, der nun seinerseits durch einen entsprechend generierten Zweck abgesichert wurde. Doch diese rekursive Art des Rechenschaft Ablegens, so weit wir sie auch treiben wollten – und sie lässt sich im Prinzip unendlich fortsetzen –, kann niemals die Erfahrung eines kreativen Lebewesens einholen. Und genau in diesem Überschuss der Erfahrung über das Handeln, im wechselseitigen Einschluss von Tun und Erleben-Erleiden – kurz gesagt: in unserem *Bewohnen der Gewohnheit* – liegt für uns der Ort der realen Freiheit. Eine solche Freiheit, schreibt Esposito, »muss nicht als etwas verstanden werden, was man hat, sondern als etwas, was man ist«, nicht als die exklusive Domäne unserer essenziellen Menschlichkeit, sondern als Freisetzung der menschlichen Essenz in die Existenz, sprich: ins Leben.[26] Die Freiheit des Weges ist mithin keine nega-

25 Roberto Esposito, *Terms of the Political: Community, Immunity, Biopolitics*, New York 2012, S. 54.
26 Ebd.

tive – sie ist nicht das Gegenteil von Notwendigkeit –, sondern eine positive Bestimmung des Lebens, des Wachstums und der Bewegung. Das Leben hat kein vorgezeichnetes Ergebnis, abgesehen von mehr Leben; Wachstum keines, abgesehen von weiterem Wachstum; Bewegung kein anderes als neuerliche Bewegung. Während die Willensfreiheit zweckgebunden ist, ist die Freiheit der Gewohnheit, wie es Esposito formuliert, »reines Beginnen«.[27]

Das hat zudem die wichtige Konsequenz, dass Freiheit und Notwendigkeit Hand in Hand gehen müssen. Sie sind keine Gegensätze, sie bedingen einander. Und dieses Prinzip der wechselseitigen Abhängigkeit ist uns nun schon gut bekannt: Es ist dasselbe Prinzip, das Variation zu einer Bedingung des *commoning* macht und vice versa. Esposito spürt dem Prinzip in der Etymologie der beiden im Englischen gebräuchlichen Freiheitsbegriffe nach: Die Wurzel des einen, *freedom*, liegt im sanskritischen *frya* (von dem sich »frei« und »Freund« herleitet), der andere, *liberty*, geht auf das indoeuropäische *leuth* oder *leudh* zurück (enthalten etwa in »lieb«, »Liebe«, »Leben«). Im ursprünglichen Sinne, so schließt er, hat Freiheit nichts mit der Beseitigung von Hinderungsgründen oder Zwang zu tun. Vielmehr »transportiert sie einen starken, positiven Sinn, der das Politische, Biologische und Körperliche umfasst und an eine Ausdehnung, ein Blühen, eine Gemeinsamkeit oder ein vereinendes Wachstum denken lässt«.[28] Nun hat sich Esposito nicht an eine Etymologie des englischen *necessity*, »Notwendigkeit«, gewagt. Hätte er es aber getan, wäre er wahrscheinlich zu ganz ähnlichen Erkenntnissen gekommen. Das Wort setzt sich nämlich aus den lateinischen Verben *nectere* (»binden«), das möglicherweise vom indoeuropäischen *noc* herstammt (enthalten in »Knoten«, »Nexus«), und *esse* (»sein«) zusammen. Die Notwendigkeit, *necessity*, verbindet Leben

27 Ebd.
28 Ebd., S. 52.

in Liebe und Freundschaft – das heißt in der zugleich als *liberty* und *freedom* verstandenen Freiheit. Vielleicht muss man genauso zwischen echter und falscher Notwendigkeit unterscheiden wie zwischen realer und scheinbarer Freiheit. Falsche Notwendigkeit *schließt* die Dinge, wie die Worte eines Satzes oder die Teile einer Maschine, in eine geordnete Struktur zusammen. In einer vollkommen durchstrukturierten Ordnung, in der alles mit allem zusammengeschlossen wäre, könnte nichts leben oder wachsen. Echte Notwendigkeit dagegen bedeutet Zusammen*wirken*, im Sinne einer Korrespondenz der Leben oder eben der Generationen, die ihren Weg gemeinsam zurücklegen, so wie es Junge und Alte, Kinder und ihre Eltern, Schüler und ihre Lehrer tun. Es ist keine starre Notwendigkeit, die Freiheit nur als Wahl zwischen verschiedenen kombinatorischen Möglichkeiten kennt, sondern eine geschmeidige Notwendigkeit, die dem Engagement und der Aufmerksamkeit für andere und für die Wege, die sie einschlagen möchten, entspringt.[29]

An dieser Stelle möchte ich auf den Begriff des *agencement* oder »Gefüges« zurückkommen, den ich – in Anlehnung an Manning – im letzten Kapitel eingeführt habe, um das »Tun des Erleben-Erleidens« der Gewohnheit zu bezeichnen. Im Gegensatz zur Handlungsmacht (*agency*) des wollenden Subjekts bezieht sich *agencement* nach meinem Verständnis auf die Art und Weise, wie das »Ich« der Gewohnheit im Gefolge des Handelns, mehr als Frage denn als Behauptung, kontinuierlich erzeugt wird. Für Manning ist *agencement* gleichbedeutend mit dem Entscheidungsprozess, den ich hier »interstitielle Differenzierung« genannt habe, weil er die »Gespaltenheit des Ereignisses« von innen heraus aufbricht. Nach ihrer Definition ist er »die gerichtete Intensität einer zusammengesetzten Bewegung, der das Feld der Erfahrung verändert«.[30] Im Französischen ist *agencement*

29 Ingold, *The Life of Lines*, S. 23.

30 Manning, *The Minor Gesture*, S. 134.

die substantivierte Form des Verbs *agencer* (z. B. »fügen«), das man ins Deutsche als »Gefüge« übersetzen kann. Doch die primäre Bedeutung von *agencer* weist in eine ganz andere Richtung, die weder an Fügung noch an Differenzierung noch gar an Erzeugung denken lässt. In diesem Sinne heißt es, Einzelteile zusammensetzen, die nur in einem äußerlichen Verhältnis zueinander stehen, um aus ihnen ein zusammenhängendes Ganzes zu machen: etwa wenn wir ein Modell aus einem Modellbaukasten zusammensetzen, im Grunde also nichts anderes als »Montage« oder auch »Assemblage«. Wegen dieser Doppelbedeutung, die *agencement* zugleich als Prozess der interstitiellen Differenzierung und der äußerlichen Montage, der Korrespondenz und der strukturierenden Ordnung, des Zusammen*schließens* und des Zusammen*wirkens* ausweist, ist der Begriff ebenso schwer zu übersetzen wie reich an semantischem Potential.

Deleuze und Guattari gehen diesem Potential auf den Grund, indem sie *agencement* zum Dreh- und Angelpunkt der weit ausgreifenden Meditationen machen, die ihr gemeinsames Werk *Tausend Plateaus* bilden.[31] Er dient Ihnen dazu, die Dinge von den Bestimmungen ihrer äußeren Struktur abzulösen bzw. fortzureißen, damit ihre materiellen Bestandteile in die zusammengesetzte Bewegung ihrer affektiven Korrespondenz entbunden werden können. In diesem Sinne, sagen sie, sei ein Buch selbst ein *agencement*. Ein Buch, *ihr* Buch »hat weder ein Objekt noch ein Subjekt, es besteht aus verschieden geformten Materien [...]. Man frage nie, was ein Buch sagen will [...]; man soll in einem Buch nicht etwas verstehen, sondern sich vielmehr fragen,

31 Während der Begriff in dem 16 Jahre früher auf Deutsch erschienenen Kafka-Buch der Autoren (Gilles Deleuze/Félix Guattari, *Kafka, für eine kleine Literatur*, Frankfurt a. M. 1976) noch als »Verkettung(en)« übersetzt wurde, ist der deutsche Begriff für *agencement* in *Tausend Plateaus* »Gefüge«. In der allerersten Fußnote des Buches erläutern die Herausgeber ihre Begriffswahl. Vgl. Deleuze/Guattari, *Kapitalismus und Schizophrenie. Tausend Plateaus*, S. 12, Anm. d. Ü.

womit es funktioniert [...]«.[32] Deleuze und Guattari bitten uns, ihre Leser, das Buch nicht wie ein fix und fertig zwischen zwei Deckeln vorliegendes Artefakt zu behandeln, das sich analysieren und interpretieren lässt. Sie wollen, dass wir das Buch so lesen, wie sie es geschrieben haben, und unser Denken dadurch auf einer Reise ohne Ziel, auf einer mit ihnen gemeinsam unternommenen Reise in das ihre einflechten – also mit ihnen korrespondieren. Für sie ist Schreiben wie Wandern: »ein Experimentieren als Eingriff in die Wirklichkeit«,[33] eine improvisierende Bewegung, die in jedem Augenblick auf die Neigungen der Dinge eingeht. Jedes Wort ist hier, so wie jeder Schritt, eine minoritäre Geste, ein Moment des Sich-Aussetzens. Was *agencement*, das Gefüge, also bewirkt, ist in Wirklichkeit eine Modulation vom Majoritären ins Minoritäre, von Dur in Moll.

Die mit diesem Zug eröffnete Freiheit, schreibt Manning, »berührt uns, bewegt uns, leitet uns, *gehört uns aber nicht*«.[34] Weder gehört sie exklusiv einem Einzelnen, noch ist sie das Gemeingut irgendeines sich durch eine vorgängige gemeinsame Identität auszeichnenden Kollektivs. In Mannings Worten gehört sie vielmehr einem »aus der Differenz lebenden Kollektiv«.[35] Es ist – wie wir es schon in Kapitel 1 gesehen haben – die Gemeinschaft (*com-munus*) derjenigen, die etwas geben können, weil sie nichts gemein haben. Es sind die *undercommons*. Die Freiheit, zu der ich gehöre (im Gegensatz zu der Freiheit, die mir gehört) und von der ich besessen bin, ist die Freiheit der *undercommons*. Eine solche Freiheit ist nicht das – singuläre oder kollektive – Eigentum individueller Personen, sondern einer Ökologie von Beziehungen. Gleiches gilt aber auch für die Notwendigkeit, die ihr korrespondiert. Sowohl die reale Freiheit als auch die echte Notwendigkeit kommen in den minoritären Gesten

32 Ebd., S. 12 f.

33 Ebd., S. 24.

34 Manning, *The Minor Gesture*, S. 25; Hervorhebung hinzugefügt.

35 Ebd., S. 6.

zum Ausdruck, durch die Leben im *undercommons* gemeinsam gelebt werden. Hier *fällt* uns die Freiheit als Aufgabe *zu* – wir *schulden* sie eher, als dass sie uns *gehört* –, und indem wir sie wahrnehmen, lösen wir unsere Schuld anderen gegenüber ein, nicht im Sinne eines Zurückzahlens (*obligation*), sondern aus Pflicht und Schuldigkeit (*duty*). Wir sind zugleich frei und verpflichtet, anderen zu antworten. Dadurch, so haben wir gesehen, bringen wir andere in die Gegenwart und sorgen für sie. Es kann in diesem Sinne keine Freiheit ohne Verantwortung oder ohne Fürsorge geben. Das schließlich heißt, in der Freiheit der Gewohnheit zu verweilen.

Was es heißt, zu lernen

Im antiken Griechenland war die Schule (*scholè*) als Zeit der Muße gekennzeichnet.[36] In den Ohren heutiger Schüler und Lehrer klingt das seltsam, wenn nicht gar widersprüchlich. Die Zeit des Schulunterrichts ist gewiss alles andere als frei: Es ist eine Zeit, in der die Schüler an ein institutionelles System der Verhaltensdisziplinierung und Lehrer an die zeitlich genau festgelegte Ablieferung eines vorgeschriebenen Lehrplans gebunden sind. Freiheit bedeutet Freizeit, freie Zeit: die Intervalle, in denen die institutionellen Zwänge gelockert sind und private Wünsche Vorrang haben können. Auf die ursprüngliche Bedeutung von Erziehung oder Bildung reflektierend erläutert Masschelein, dass die Zeit des Unterrichts in der griechischen Antike in einem ziemlich anderen Sinne frei war. *Scholè*, so führt er aus, war »eine Zeit ohne Bestimmungsort und ohne Zweck oder Ziel«.[37] Sie war frei, weil die Schüler in der Zeit, die sie in der Schule verbrachten,

36 Jan Masschelein, »Experimentum scholae: the world once more … but not (yet) finished«, in: *Studies in Philosophy and Education* 30 (2011), S. 529–535, hier: S. 530.

37 Ebd.

die normativen Erwartungen und Standeshierarchien, die ihr soziales Leben bestimmten, vorübergehend abstreifen oder in der Schwebe halten konnten. In diesem Zwischen- oder Übergangsraum konnten sie mit ihren Lehrern eine Gemeinschaft der Gleichen bilden, in der dennoch jeder auf seine Weise verschieden war und etwas zu geben hatte. Sinn und Zweck von Schule bestand nicht darin, jedem Kind in seinem Leben eine Bestimmung und die Mittel zu ihrer Verwirklichung – in Form einer vorgezeichneten Identität mit ihrer je besonderen Art des Sprechens, Handelns und Denkens – mit auf den Weg zu geben. Ganz im Gegenteil bestand der Sinn und Zweck von Schule darin, die Schicksalsbestimmtheit aufzuheben, die Insignien der sozialen Ordnung für gewisse Zeit auszuklammern, die Mittel von den Zwecken abzulösen – Wörter von Bedeutungen, Eigentum von Gebrauch, Handlungen von Intentionen, das Denken von den Gedanken –, um sie freizusetzen, in die Gegenwart des Hier und Jetzt zu bringen und sie allen zur Verfügung zu stellen. Hier, das heißt in der Schule, ist nichts das, was es war oder was es in Zukunft sein wird. Und als Architekt der *scholè* ist der Erzieher oder Lehrer, Masschelein zufolge, »jemand, der ent-vollendet (*un-finishes*), der Aneignung und Destination der Zeit rückgängig macht«.[38] Er oder sie ist nicht so sehr Hüter der Ziele als Katalysator von Anfängen, dessen Aufgabe darin liegt, der zeitlichen Lebensspanne Erinnerung und Imagination zurückzugeben.

Erziehung in diesem Sinne ist eine Form des Sehnens, eine Praxis der Fürsorge, eine Form des Erleben-Erleiden-Tuns, und ihre Freiheit ist die Freiheit der Gewohnheit. Was Masschelein unter der Rubrik *scholè* behandelt, ist natürlich nichts anderes als die *undercommons*: »ein Feld der Beziehungen«, so Manning, »das in den Fugen des Jetzt und des Noch-nicht kreativ ausbuchstabiert wird«.[39] Es ist ein leben-

38 Ebd.

39 Manning, *The Minor Gesture*, S. 221.

diges Feld der minoritären Gesten, in dem Scheinprobleme zugunsten realer Probleme zurückgestellt werden können – zugunsten »offener Probleme, die uns im Modus des aktiven Erkundens zusammenführen«.[40] Es sind die Probleme, die keine Antworten generieren, sondern lediglich weitere Probleme, weitere Begegnungen, weitere Eröffnungen. Richtiges Lernen kann nie die Anwendung einer Methode sein, weil die Methode, mit dem Majoritären im Bunde, immer »versucht, die minoritäre Geste an sich zu reißen«.[41] Indem sie Fragen in Ergebnisse oder Antworten überführt, bringt die Methode das Lernen zum Stillstand, sie schreibt ihm einen Zweck vor. Was es dagegen lebendig hält, ist dauerndes Experimentieren. Geduldiges Lernen ist kritisch, auch im Sinne von unerlässlich, doch es kritisiert nicht. Es hat weder Subjekt noch Objekt. Es geht nicht vom Vor-Gedachten aus, es trianguliert nicht zwischen festgelegten Positionen oder Standpunkten. »Wo stehe ich?« ist als Frage für Manning – genau wie die komplementäre nach dem »Studienobjekt« – die uninteressanteste von allen: die Frage, die das Lernen ausbremst, indem sie es der disziplinierenden Methode und der institutionellen Macht angleicht.[42] Damit das Lernen weitergehen kann, muss das kritische Denken die selbstbefangene Kritik überholen: Das Lernen, sagt Manning, »erfreut sich der Aktivierung des Noch-Ungedachten«.[43] Beim Lernen geht Denken immer über Begriffsbildung hinaus; das ist seine spekulative Seite. Die geduldig experimentierenden, immer für Überschreitungen offenen, nicht an einen Standpunkt gebundenen, auf pragmatische Weise spekulativen Praktiken des Lernens »sind fest in ihrer eigenen Entstehungsprozess-Zeit verwurzelt, und doch bleiben sie – im Aussetzen dieser Zeit, in ihrer Suspendierung der gesellschaftlichen Ansprüche, ihrer Aneignungen der Ver-

40 Ebd., S. 10.
41 Ebd., S. 12.
42 Ebd., S. 39.
43 Ebd., S. 12.

gangenheit und ihrer Zukunftsprojekte – »unzeitgemäß«.[44] Lernen in den *undercommons*, so folgert Manning, »bringt Vergangenheit und Zukunft in eine mobile Koexistenz«.[45]

Dieser Blick auf das Lernen hat eine Reihe von Konsequenzen, und ich möchte mich nur auf drei davon konzentrieren. Die erste ist, dass sich nicht allein lernen lässt. Die Vorstellung von »unabhängigem Lernen« als etwas in Isolation Geschehendem ist schlicht und einfach unhaltbar. Man ist nie allein. »Lernen ist das, was man mit anderen zusammen tut«, sagt Moten in einem Interview mit dem Sozialwissenschaftler Stevphen Shukaitis. »Es heißt, mit anderen Menschen sprechen und herumlaufen, arbeiten, tanzen, leiden, irgendein irreduzibles Zusammenspiel von allen dreien«.[46] Und Harney, sein Mitautor, pflichtet ihm bei:

> »Ich stelle mir das Lernen immer weniger als etwas vor, bei dem sich jeder im Schüler auflöst, und mehr als etwas, bei dem sich Menschen gewissermaßen dabei abwechseln, Dinge füreinander und für die anderen zu tun, und man es sich erlaubt, von anderen, während sie diese Dinge tun, ergriffen zu werden. Das mag auch eine Art Enteignung dessen sein, woran man vielleicht sonst festgehalten hat, und dieser Besitz wird in gewissem Sinne freiwillig aufgegeben, und dann kommt es zu irgendeinem Besitzen durch andere.«[47]

Diese wechselseitige Enteignung – dieses dem anderen Anbieten, was man hat oder gar was man *ist* – ist in unserem Sinne gleichbedeutend mit dem Prozess des *commoning*.

44 Ebd.

45 Ebd., S. 224.

46 Harney/Moten, *The Undercommons: Fugitive Planning and Black Study*, Wivenhoe/New York/Port Watson 2013, S. 110. Das Interview ist in der deutschen Ausgabe nicht enthalten, deshalb wird hier und im Folgenden nach der englischen Ausgabe zitiert, Anm. d. Ü.

47 Harney/Moten, *The Undercommons*, S. 109.

Egal welches Wissen (und welche Erfahrung) die Beteiligten vielleicht in den Prozess einbringen – sei es im Gewand eines geschriebenen Textes, einer mathematischen Formel oder einer Handbewegung –, es muss aus den Kontexten, in denen es innerhalb der herrschenden sozialen Ordnung zur Anwendung kommt und seine Bedeutung erhält, gelöst und einfach so angeboten werden, wie es ist. Es muss *öffentlich gemacht werden*, damit es alle sehen und hören und mit ihm machen können, was sie wollen. Wie es Masschelein und Simons in ihrem Plädoyer für die Schule als Lernort formulieren, müssen die Dinge »losgelassen und auf den Tisch gelegt werden«.[48] Für Masschelein und Simons ist Schule der Ort, wo sich Personen gemeinsam an einen Tisch setzen und sich den dort ausgebreiteten Dingen zuwenden. Sich den Dingen um ihrer selbst willen und nicht als Mittel zum Zweck zuzuwenden ist das, was die beiden Autoren »lernen« nennen. Sinn des Lernens ist für sie nicht die Aneignung, sondern die Enteignung, Verfremdung oder Entprivatisierung von Wissen. Als ein vielleicht von Vertretern der älteren Generation aus seinem Verwendungskontext herausgelöstes ist das Wissen von den Vertretern der jüngeren Generation *noch nicht* angeeignet. Das ermöglicht es jeder Generation, neu anzufangen, sich als *neue* Generation zu erleben.[49]

In zweiter Konsequenz ist dieses Lernverständnis nicht intermediär-vermittelnd (*intermediate*), sondern dazwischenliegend oder im-Zwischen-bleibend (*in-between*).[50] Als »intermediär« verstehe ich ein Übergangsstadium von einem Zustand zum nächsten: von der Vergangenheit zur Gegenwart, von der Kindheit zum Erwachsensein, vom Unwissen zum Wissen. Die Fahrt geht von A nach B, und der Schüler vergisst – auf halber Strecke – niemals, wo er her-

48 Jan Masschelein/Maarten Simons, *In Defense of the School: A Public Issue*, Leuven 2013, S. 40.

49 Ebd., S. 38.

50 Ingold, *The Life of Lines*, S. 147–152.

kommt und wohin die Reise geht. So sieht Lernen im Modus major aus. Der Modus minor aber durchbricht diese lineare Reihenfolge und ergießt sich in den Durchbruch wie der Fluss in den gebrochenen Damm. In den Gedanken, die sich Michel Serres in *Der Troubadour des Wissens* zum »Aufrichten« macht, gebraucht er genau dieses Bild: Er vergleicht sich mit einem Schwimmer, der den Fluten eines reißenden Flusses trotzt. Mitgerissen erreicht er einen zweiten Fluss, von dem die am Ufer Zurückgebliebenen – Freunde und Familie, die Bürokratie und die Mehrheit – nichts wissen. Dieser zweite Fluss hat nach einer Weile kein rechtes und kein linkes Ufer mehr; er gestattet keine Rückkehr ans trockene Land, stellt nicht unmittelbar eine Ankunft auf der anderen Seite in Aussicht, eröffnet nicht die Perspektive eines festen Halts. Der Schwimmer wird – quer zur imaginären Linie, die beide Ufer miteinander verbindet – kopfüber von einem Strom mitgetragen, der weder Ursprung noch Bestimmungsort hat. »Die wirkliche Passage«, so erklärt Serres, »findet in der Mitte statt«[51] – nämlich im Dazwischenliegenden. Dieser Ort heißt im Französischen *milieu* (wörtlich »der mittlere Ort«), mangels besserer Alternativen im Englischen wie im Deutschen ein Lehnwort. Das Erstaunliche am Milieu ist, dass es sich, während es für die meisten nur als feinste Linie zwischen hier und dort – als Linie ohne Dicke oder Dimension; in der Tat als geometrische Abstraktion – existiert, in der Erfahrung des Schwimmers, der den zweiten Fluss erreicht, zu einem ganzen Kosmos ausdehnt, der ihn umhüllt und in seinem Zentrum verschlingt.[52] Die

51 Michel Serres, *Troubadour des Wissens*, Zürich 2015, S. 17.

52 »Für dieses Wort beachtlich: Die französische Sprache definiert die Mitte [milieu] als einen Punkt oder einen Faden, der beinahe abwesend ist, wie eine Ebene oder eine Varietät ohne Dicke oder Dimension und trotzdem, auf der anderen Seite, als die Totalität des Volumens, in dem wir leben: unsere Umwelt. Neue Umkehrung: von der Mitte [mi-lieu], kleiner, ausgeschlossener Lokalität, die nicht tangiert ist und bereit ist zu vergehen, zur Umwelt [milieu], als Universum um uns herum«. Serres, *Troubadour des Wissens*, S. 55.

kaum wahrnehmbare Mittellinie explodiert zu einem Universum. Und genau so sollen wir uns nach Masschelein und Simons die Schule vorstellen. Sie ist ein fast unsichtbarer, dazwischenliegender Ort, ein Milieu. Von außen gesehen erscheint sie geschlossen, fast klaustrophobisch. Denjenigen, die sie betreten, aber eröffnet sie eine Welt.[53]

Der Schüler, der in das Milieu eintaucht, muss allerdings sein Hab und Gut zurücklassen. Dies ist die dritte Implikation des Lernens im Modus minor, und auch hier steht die *scholè* der griechischen Antike Pate. Das Schulkind war ursprünglich als Waise definiert, als jemand, der oder die keine Familie hat. In der Schule wird das Kind für eine gewisse Zeit zum Schulkind; es wird seiner familiären Bindungen entkleidet. Dies war die Aufgabe des Pädagogen, in der Regel ein Haushaltssklave, der das Kind von zuhause in die Schule brachte, es aber an der Schulpforte zurückließ und mit dem, was sich im Inneren der Schule abspielte, nichts mehr zu tun hatte. Ist die heutige Situation wirklich so ganz anders? Daniel Pennac, der in *Schulkummer* über seine Erfahrung des Unterrichtens von »schlechten« Schülern in der französischen Banlieu schreibt, betont, wie wichtig es ist, dass sich die Schüler, und sei es auch nur für wenige Stunden am Tag, von einer Vergangenheit, die sie schon als unzulänglich definiert, und einer aussichtslosen Zukunft freimachen können. Er sieht sie mit Angst, Sorgen, Bitterkeit und Wut in die Schule kommen, die sich wie die Häute einer Zwiebel um sie gelegt haben: »Sehen Sie nur, wie sie da morgens auftauchen, mit ihrem im Werden begriffenen Körper und der Familie im Rucksack. Wirklich beginnen kann der Unterricht erst, wenn dieses Gepäck abgestellt wurde und die Zwiebel geschält ist«.[54] Sobald sie ihre Schutzhüllen abgelegt haben, können sie ihren Erneuerungsprozess be-

53 Masschelein/Simons, *In Defense of the School*, S. 36.

54 Daniel Pennac, *Schulkummer*, Köln 2009, S. 63; zitiert in: Masschelein/Simons, *In Defense of the School*, S. 35.

ginnen. Vergangenheit und Zukunft bleiben suspendiert, während sie in das hineingezogen werden, was Pennac das »indikativische Präsens« nennt.[55] Es ist die in der Schwebe gehaltene Gegenwart des *Hier und Jetzt*, die in ihrem Hinübergleiten in den Modus minor, wie Manning sagt, trotz allem unzeitgemäß bleibt.[56] Kollektiv gegenwärtig sein, sowohl im Hier als auch im Jetzt, bedeutet nicht nur, den anderen gegenwärtig zu sein. Die anderen sind auch mir bzw. uns gegenwärtig. Auch sie werden der Stellungen und Kategorisierungen enthoben, in die sie von der Mehrheit gedrängt wurden; sie werden der Zwecke enthoben, in die sie normalerweise eingebunden sind; nicht als *Objekte* unseres Blicks, sondern als beseelte *Dinge* eigenen Rechts, denen wir zu antworten haben, rücken sie in das Feld unserer Aufmerksamkeit. In diesem Moment, so Masschelein und Simons, »werden die – von unseren privaten Verwendungsweisen und Stellungen losgelösten – Dinge ›real‹«.[57] Sie handeln, sie sprechen unverblümt mit uns, sie regen uns zum Nachdenken an: nicht nur *über* sie, sondern *mit* ihnen. Sie werden Teil unserer Welt, so wie wir Teil der ihrigen werden. Wir kümmern uns um sie, wie auch sie sich um uns kümmern. Nichts anderes bedeutet Lernen.

Von der Erklärung zum Gefühl

Treten wir einen Schritt zurück, um uns noch einmal dem Standpunkt der Mehrheit zu stellen. Im Modus major ist Lernen das strenge und methodische Bemühen um Wissenserwerb. Sein Zweck besteht darin, die Fundamente für künftiges Verstehen zu legen. Es hat einen Anfang und ein Ende. Am Anfang mangelt es dem Schüler an Wissen, am

55 Pennac, *Schulkummer*, S. 63.
56 Manning, *The Minor Gesture*, S. 12.
57 Masschelein/Simons, *In Defense of the School*, S. 47.

Ende aber hat er es sich aneignen können. Doch wie wir in Kapitel 1 gesehen haben, kann man diese Aneignung oder diesen »Erwerb« von Wissen auf zweierlei, einander widersprechende Weisen auffassen, und nur eine davon darf als Lernen gelten. In dem Sinne, wie er der Wissenschaft und der Zivilisation zugeschrieben wird, ist damit gemeint: fortschreitender Wissenserwerb durch empirische Forschung und rationale Analyse. Das Lernen in diesem Sinne ist etwas, was wir aktiv tun, es motiviert und rechtfertigt die Prüfungen, denen wir uns unterziehen, es dient dazu, uns aus der Ignoranz in das Reich der Aufklärung zu führen. Diese Bedeutung treibt aber ihr Gegenteil hervor: den Erwerb (von Wissen) als reines Aufsaugen traditioneller Gepflogenheiten durch den vermeintlich minderwertigen Vorgang der Nachahmung. So, stellt man sich vor, wird in volkstümlichen Kulturen gelernt, »natürlich« und mühelos, und diese Form des Lernens unterstellen wir auch bei den sehr jungen Mitgliedern unserer eigenen gesellschaftlichen Kreise. Vergegenwärtigen wir uns noch einmal, wie wir einerseits das frühkindliche Erlernen der Muttersprache und andererseits das Fremdsprachenlernen der Schulkinder zu beschreiben pflegen. Kinderkrippen sind gewiss keine Orte des Lernens im Sinne des methodischen Studiums, es sei denn, man erforscht dort gerade die frühkindliche Entwicklung. Was aber verrät uns dieser Unterschied über die herkömmlichen Vorstellungen von Bildung und Erziehung? Wie wäre es, wenn wir uns gerade das Kleinstkind als exemplarischen Schüler vorstellen?

Genau diese Frage nimmt Rancière in seiner kritischen Studie über das emanzipatorische Potential von Erziehung zum Ausgangspunkt.[58] In Kapitel 2 haben wir von ihm gelernt, dass Erziehung im starken Sinne – das heißt im Modus major – zwar Emanzipation verspricht, in Wirklichkeit aber

58 Jacques Rancière, *Der unwissende Lehrmeister. Fünf Lektionen über die intellektuelle Emanzipation*, Wien 2018.

die Wahrnehmung einer fundamentalen Ungleichheit der Intelligenz zwischen denen, die als Pädagogen den Auftrag haben, das Wissen zu erklären, und denen, die als Schüler gehalten sind, es sich erklären zu lassen, reproduziert. Die Konvention gegen den Strich bürstend behauptet Rancière nun, dass nicht etwa die Unfähigen die Erklärenden brauchen, um sich irgendwann einmal den Talar der Zivilisation anlegen zu können, sondern dass die Erklärenden vielmehr die Unfähigen benötigen und diese in Wahrheit als solche erschaffen, um ihnen ihre angelernte Überlegenheit demonstrieren zu können. Durch starke Erziehung wird nicht etwa jede neue Generation emporgehoben; sie ist vielmehr eine Herabsetzung, die jede Generation den ihr folgenden beibringt. Das hat, in Rancières Worten, kein aufgeklärtes Verstehen, sondern eine »*Verdummung*« zur Folge.[59] Warum, so fragt er, sollte es notwendig sein, allen Schülern die Dinge zu erklären? Sind sie nicht klug genug, die Dinge selbst herauszufinden, wenn man ihnen die erforderlichen Materialien zur Verfügung stellt und sie motiviert, diese gemeinsam zu studieren? Und verfügen sie, wenn sie das einmal getan haben, nicht über ein tieferes Verständnis, als sie es durch die wirksamsten Methoden des Erklärens je beigebracht bekommen könnten?

So lernen Kinder schließlich in frühster Kindheit ihre Muttersprache. Jeder, der ein Kind großgezogen hat, weiß sehr gut, dass Sprache nicht als fix und fertige Struktur zur Verfügung steht, die man lediglich in das kindliche, auf deren Aufnahme von Geburt an vorprogrammierte Gemüt einzuspeisen hätte, sondern dass Spracherwerb ein – mit sehr viel geduldigem Experimentieren verbundener, in Aufmerksamkeit und Sensibilität, Fürsorge und Sehnen gründender – ergebnisoffener Prozess der Wiederentdeckung ist. Tatsächlich spricht alles dafür, diesen Vorgang als einen der Erziehung zu beschreiben und das Kleinkind im gerade

59 Ebd., S. 17; Hervorhebung im Original.

erläuterten schwachen Sinne als Schüler. Und wenn Kinder so einfach lernen, ihre Muttersprache fließend zu sprechen, warum sollten wir uns dem Gedanken verschließen, dass sie mit ihrer Intelligenz auf ganz ähnliche Weise auch andere Aufgaben bewältigen können? Alle gesellschaftlichen Prozesse aber basieren auf der gegenteiligen Annahme. Man geht davon aus, dass sich das Kind, sobald es erst den formalen Bildungsweg eingeschlagen hat, nicht länger auf ebendiese Intelligenz verlassen kann, die ihm bis dato so dienlich war. So als wäre mit einem Schlag alles undurchsichtig geworden – eine Undurchsichtigkeit, die mit der Idee des *Verstehens* selbst zusammenhängt. Diese Idee schafft nämlich erst das Defizit, das dem Kind eine Verlegenheits- und Verlusterfahrung beschert. »[D]er Kleine, dem *erklärt* worden ist«, schreibt Rancière, »wird seine ganze Intelligenz in diese Trauerarbeit investieren: [...] zu verstehen, dass er nicht versteht, wenn man ihm nicht erklärt«.[60] Am Ende erweist sich, dass alle Fortschritte, auf die man baut, um die Dinge verständlich zu machen – die Perfektionierung der Lehrmethoden, die Vereinfachung komplexer Argumente, die Erklärung der Erklärungen – den Zustand der Verdummung nur verschlimmern.

Welche Alternative haben wir? Wir alle wissen Dinge, die uns nie erklärt wurden, Dinge, die vielleicht sogar unerklärlich sind. Auf dieses Wissen sind wir in jedem Moment unseres Lebens angewiesen, um praktische Aufgaben zu lösen. Es ist ein Wissen, das durch die Praxis der Gewohnheit, durch den erfahrenden Vollzug des Erleben-Erleiden-Tuns in uns gewachsen, dabei aber so tief in unserer Person verwurzelt ist, dass es außer der Reichweite jeder Erklärung und Analyse bleibt. Der Philosoph Michael Polanyi hat in diesem Zusammenhang den Begriff des »impliziten Wissens« geprägt.[61] Was für Erklärungen verfügbar ist, dachte

60 Ebd., S. 18; Hervorhebung im Original.
61 Michael Polanyi, *Implizites Wissen*, Frankfurt a. M. 1985.

Polanyi, sei nur die Spitze eines unermesslich großen Eisbergs an Unaussprechlichem, der unterhalb dieser Schwelle liege. Indem er das Implizite in einen diametralen Gegensatz zum Expliziten brachte, verbannte Polanyi Wissen und Intelligenz des nicht auf Schulwissen beruhenden Untergrunds aber ebenfalls in unzugängliche Schichten des Bewusstseins und stellte sich damit auf den Standpunkt der Mehrheit. Selbst Manning erliegt der Versuchung, ein von der Gewohnheit getragenes Wissen in ein Reich des »unterhalb der Worte« liegenden Unter-Bewussten zu verdrängen.[62] Andere, vom Begriff der Einverleibung faszinierte, Theoretiker haben es noch tiefer sinken lassen: in die dunklen Winkel gedankenloser körperlicher Automatismen, wo die Gewohnheit zum *Habitus* wird.[63] Das Minoritäre aber bewegt sich ebenso wenig unterhalb der Königswissenschaften, wie ein Fluss unter seinen Ufern fließt. Es liegt nicht unterhalb, sondern mittendrin; sein Bereich öffnet sich aus dem mittleren Ort (*milieu*) heraus, um eine Welt zu umfassen. Das Milieu ist kein verborgenes Depot; es ist ein

62 Manning, *The Minor Gesture*, S. 24.

63 Auch wenn der Begriff des *Habitus* durch die ethnologischen Arbeiten von Marcel Mauss (1979) wieder in die Anthropologie eingeführt wurde, lässt sich die Hauptverantwortung für seine heutige Assoziation mit der Einverleibung doch den soziologischen Schriften Pierre Bourdieus anlasten, in dessen *Entwurf einer Theorie der Praxis* (1976) es von den Prinzipien des *Habitus* heißt, sie würden durch »*strukturale Übungen*« errichtet, die, wie er es ausdrückt, nicht »die Ebene des Diskurses« erreichen (S. 189–200; Hervorhebung im Original). Psychologisch bleiben sie dem Bewusstsein entzogen, im Untergrund. Sie lassen sich nicht artikulieren oder explizieren. Unaussprechlich, unkommunizierbar und somit auch unerreichbar für bewusste Nachahmungsversuche wird diesen Prinzipien in Bourdieus Werk »durch die klandestine Überredung einer impliziten Pädagogik« (1976, S. 202) ein Körper gegeben, sie werden buchstäblich verkörpert oder *einverleibt*. Vgl. Marcel Mauss, »Die Techniken des Körpers«, in: ders., *Soziologie und Anthropologie, Teil II: Gabentausch, Soziologie und Psychologie, Todesvorstellungen, Körpertechniken, Begriff der Person*, Frankfurt a. M. 1979, S. 199–222; Pierre Bourdieu, »Die Einverleibung der Strukturen«, in: ders.: *Entwurf einer Theorie der Praxis auf der ethnologischen Grundlage der kabylischen Gesellschaft*, Frankfurt a. M. 1976 [1972], S. 189–202.

Sich-dem-Gefühl-Öffnen – dem, was Harney und Moten in ihrer Darstellung der *undercommons* »Gefühl für das Fühlen anderer, die dich fühlen« oder »Haptikalität« nennen.[64] Es verläuft quer zum Majoritären, ist ihm nicht gegenläufig. Diese haptische Dimension »implizit« zu nennen ist eine Fehlbezeichnung. Wenn irgendetwas Wissen ausbremst oder zum Schweigen bringt, dann die Logik der Erklärung.

Erklären heißt für Polanyi, Dinge in Worte, also in Rede oder Schrift, zu fassen oder in gleichwertige Symbole, wie z. B. mathematische Formeln. Dies beinhaltet seines Erachtens die Zwillingsoperationen der Spezifizierung und Artikulation. Spezifizieren bedeutet, Dinge auf fixe Bezugskoordinaten festzulegen; Artikulieren bedeutet, sie in einer geschlossenen Struktur zusammenzuführen: Punkte mit Linien, Werte mit Plus- oder Minuszeichen, Wörter mit Räumen. Der – durchstrukturierte, mit einem Großbuchstaben beginnende und einem Punkt endende – gedruckte Satz ist die Quintessenz sprachmächtiger Artikulation. Seine Wörter sind eingesperrt, zu Schweigen und Unbeweglichkeit verdammt, gerade so wie der zu einer Gefängnisstrafe von festgesetzter Dauer (*term*) verurteilte (*sentenced*) Gefangene. Spezifizierung und Artikulation, die Säulen der logischen Erklärung, sperren das Gefühl aus.[65]

Was also entzieht sich hier? Fällt der unspezifizierbare Teil des Wissens – den Polanyi als »das durch mangelhafte Artikulation ungesagt bleibende Residuum«[66] beschreibt – in stumme und analphabetische Zusammenhangslosigkeit? Oder reicht das Gefühl für die Wörter als lebendige, von den Gesten ihrer Hervorbringung beseelte Dinge aus, um die Gefängnismauern einzureißen? Die Abschaffung des Erklärens und die Widerrufung seiner Sätze ist beileibe nicht das

64 Harney/Moten, *Die Undercommons*, S. 120.

65 Eine eingehendere Diskussion dieses Arguments in: Tim Ingold, *Making Anthropology, Archaeology, Art and Architecture*, Abingdon 2013b, S. 109–111.

66 Polanyi, *Implizites Wissen*, S. 88.

Ende des Lernens! Sie offenbaren uns die Poesie der Wörter, die weiterleben. Rancière sagt: »Im Sprechakt übermittelt der Mensch nicht sein Wissen, er dichtet [...]. Er kommuniziert als *Handwerker*, als Benutzer von Wörtern wie von Werkzeugen.«[67] Als Dichter zu kommunizieren heißt, die Wörter so zu schätzen, wie der fahrende Geselle seine Geräte und Werkstoffe schätzt. Jedes Wort ist ein Juwel, das im fließenden Wasser des Stroms glänzt wie ein polierter Kiesel. Wir *fühlen* das Wort beim Sprechen, fühlen, wie es in der Mundhöhle Raum fordert, bevor es von der lebendigen Zunge und den rastlosen Lippen hervorgebracht wird, oder wie es beim Schreiben durch die Gesten und Beugungen der Hand Form gewinnt. Haptikalität verlangt also kein Aufgeben der Wörter und kein Zurückfallen hinter sie. Auch können die – geschriebenen oder gesprochenen – Wörter selbst nicht für die verdummenden Effekte des Erklärens haftbar gemacht werden. Machen wir die Wörter nicht für ihre Inhaftierung verantwortlich; verantwortlich machen sollten wir den Gerichtshof der Erklärer, der sie zu diesem Schicksal verurteilt hat (*sentenced*).

Was kann der Lehrer lehren?

Wenn wir Rancière in seinem revolutionären Umgang mit dem pädagogischen Mythos folgen wollen, sollten wir uns klarmachen, was wir als aufmerksame und sensible Wesen eigentlich tun: Weder erklären wir nämlich die Dinge, noch lassen wir sie uns erklären – wir dichten gemeinsam. Wenn Emanzipation in diesem Sinne aber die Befreiung aus dem Gefängnis des Erklärens bedeutet, was geschieht dann mit den Erklärenden, den Lehrmeistern, den Pädagogen des alten Regimes? Wozu brauchen wir überhaupt noch Lehrer? Wenn Lehrer nichts zu erklären haben, wenn sie kein Wis-

67 Rancière, *Der unwissende Lehrmeister*, S. 81; Hervorhebung im Original.

sen und auch keine Methoden der Wissensvermittlung zu vermitteln haben – wenn sie in Masscheleins Begrifflichkeit »arme Pädagogen« oder in den Worten Gert Biestas »schwache« Erzieher sind –, was können sie dann lehren? Rancière hat kein Problem mit Lehrmeistern an sich, nur mit jenen, die sich als Erklärende aufspielen – das heißt mit Lehrmeistern, die ihre legitime Autorität mit der Annahme ungleich verteilter Intelligenz verbinden, so als wären sie selbst aufgeklärt, ihre Schüler aber unwissend.[68] Auch Biesta ist der Auffassung, dass Lehrer keinesfalls verjagt werden sollten, sondern »Lehren ein notwendiges Element aller Erziehung ist«.[69] Die Idee fahren zu lassen, dass Lehrer etwas zu lehren hätten, wäre gleichbedeutend damit, die Idee der Bildung oder Erziehung selbst aufzugeben.[70] Biesta hat guten Grund zur Sorge, denn er schreibt vor dem Hintergrund des überwältigenden Drucks, der vom öffentlichen und politischen Mainstream ausgeht, Bildung und Erziehung auf Lernen, und noch dazu auf ein armseliges, schmalbrüstiges Konzept des Lernens, zu reduzieren. Am Ende dieses Kapitels möchte ich noch ein paar Anmerkungen zu einer solchen Verkürzung machen. Doch lassen Sie mich einen Augenblick bei Biestas Hauptthese verweilen, dass *»von jemandem zu lernen eine radikal andere Erfahrung ist als die Erfahrung, von jemandem etwas beigebracht zu bekommen«*.[71] Worin besteht der Unterschied zwischen »von jemandem lernen« und »von jemandem etwas beigebracht bekommen«?

Für Biesta ist Lehren kein Gebot, sondern eine Gabe. Wie alle Gaben aber steht es nicht in der Macht des Lehrers, sie zu geben. Ein Ding ist nicht a priori eine Gabe, es wird erst zu einer Gabe, wenn es als solche empfangen wird. Wird es

68 Ebd., S. 23.
69 Gert J. J. Biesta, *The Beautiful Risk of Education*, Boulder (CO) 2013, S. 98; Hervorhebung im Original.
70 Ebd., S. 46.
71 Ebd., S. 52; Hervorhebung im Original.

zurückgewiesen, dann ist es überhaupt keine Gabe, sondern Ausschuss. So verhält es sich auch mit dem Lehren: Es ist nur ein Lehren, wenn es im Anerkennen des Schülers, dass es gelehrt wurde, »empfangen« wird. Der Lehrer hat keinen Einfluss darauf, ob das Gelehrte als solches empfangen wird oder nicht: Er hofft darauf, kann aber das Ergebnis nicht kontrollieren. In diesem Sinne ist, wie Biesta formuliert, »Lehren die Gabe eines Geschenks, das der Lehrer nicht besitzt«.[72] Entscheidend für Bildung und Erziehung ist, dass es jemanden gibt – nennen wir ihn einen »Lehrer«, auch wenn er das nur sporadisch, in den Augenblicken der Anerkennung, ist –, der zustimmt, das, was er hat, oder eben das, was er *ist* (da Person und Eigentum innerhalb des Lernprozesses nicht zu trennen sind), »auf den Tisch« zu legen. Es war die Antwort, die Dewey auf das parat hatte, was ihm wie eine Dummheit erschien, nämlich einfach den Lernenden zu überlassen, was sie aus ihrer Bildung oder Erziehung machen wollen. »Wenn der Lehrer ein echter Lehrer ist«, so riet Dewey, »dann sollte er genug über seine Schüler wissen, über ihre Bedürfnisse und Erfahrungen, das Niveau ihres Könnens und Wissens etc., um sich an einer Diskussion darum, was zu tun ist, zu beteiligen (nicht um Pläne und Ziele zu diktieren)«.[73] Vielleicht lernen wir im Sinne des substanziellen oder informatorischen Gehalts nicht *von* einem solchen Lehrer, können aber, insofern er durch sein Vorbild etwas zeigt, uns – seine Schüler – auf dem Laufenden hält und die Ergebnisse unserer Mühen überprüft, doch für uns in Anspruch nehmen, dass wir durch ihn lernen. Hier ist der Lehrer in der Durchführung einer Untersuchung vorbildlich, er ist für seine Schüler und Schülerinnen ein großzügiger Führer und Begleiter sowie ein unermüdlicher Beurteiler ihrer Arbeit.

72 Ebd., S. 139.

73 John Dewey, *John Dewey on Education: Selected Writings*, Chicago (IL) 1964, S. 154; aus Deweys erstmals 1926 veröffentlichtem Aufsatz »Individuality and Experience«.

Hier geht es nicht nur um Ausrüstung oder gesellschaftliche Unterstützung der Lernenden, damit diese erreichen, was sie nicht ohne Hilfe erreichen könnten, was bekanntlich Lew Wygotski, der große Pionier der Entwicklungspsychologie, forderte.[74] Unter dem Einfluss der Theorien Wygotskis haben Anthropologen wie Jean Lave und Barbara Rogoff das Lernen als praktische Ausbildung konzipiert, bei dem Lernende ihre *skills* und ihr Verständnis dadurch voranbringen, dass sie an einem – von erfahreneren Partnern angeleiteten – Prozess des gemeinsamen Problemlösens teilnehmen. Bei dieser Ausbildung handelt es sich, in Laves Worten, um ein »Verstehen in der Praxis«; er steht damit im Gegensatz zur Vorstellung eines »Kulturerwerbs«, wie sie für orthodoxe Modelle des Lernens als intergenerationelle Übermittlung von Informationen zentral ist.[75] Das Ausbildungsmodell räumt zweifellos mit der Vorstellung auf, dass Individuen isoliert voneinander lernen, und steht in dieser Hinsicht vollkommen mit Deweys Erziehungstheorie im Einklang. Doch für Dewey war Erziehung mehr als das. Erziehung ist sicher auf Teilnahme angewiesen, aber nicht auf eine *beliebige* Form von Teilnahme. Es muss eine besondere Form der Teilnahme sein.

Was erzieherische Teilnahme auszeichnet und von reinem Training – etwa vorbereitend für die Zugangsprüfung zu einer etablierten Zunft oder Profession – unterscheidet, ist, dass sowohl Lehrende als auch Lernende, Lehrmeister

74 Lew S. Wykotski, *Mind in Society: The Development of Higher Psychological Processes*, Cambridge (MA) 1968.

75 Jean Lave, »The culture of acquisition and the practice of understanding«, in: James W. Stigler/Richard A. Schweder/Gilbert Herdt (Hrsg.), *Cultural Psychology: Essays on Comparative Human Development*, Cambridge (UK) 1990, S. 310. Siehe auch Jean Lave, *Apprenticeship in Critical Ethnographic Practice*, Chicago (IL) 2011; Jean Lave/Étienne Wenger, *Situated Learning: Legitimate Peripheral Participation*, Cambridge (UK) 1991; Barbara Rogoff, *Apprenticeship in Thinking: Cognitive Development in Social* Context, New York 1990; Barbara Rogoff, *The Cultural Nature of Human Development*, New York 2003.

wie Schüler ein Interesse an dem Prozess haben und bereit sind, sich von ihm verändern zu lassen. Dies beschreibt Biesta als den Unterschied zwischen »erzieherischer und nicht erzieherischer Teilnahme: zwischen einer Teilnahme, bei der nur eine Partei lernt (indem sie sich der anderen Partei anpasst), und einer Teilnahme, die die Sichtweise *aller* an ihr Teilnehmenden verändert und sie zu einer gemeinsamen Sichtweise führt«.[76] Für Biesta unterscheidet sich Deweys »Erziehung« folglich von Laves »Verstehen in der Praxis«. Nach unseren Begriffen bezeichnet es den Unterschied zwischen Verstehen und *undercommoning* bzw. zwischen dem Lösen von Problemen und dem mit ihnen Korrespondieren. Teilnahme an Bildung oder Erziehung findet im »Milieu«, in der Mitte des Stroms statt. Könnten wir uns Dewey also anschließen und das Lehren als einen Prozess von *commoning* und Variation, von Aufmerksamkeit und Reaktionsbereitschaft begreifen, bei der Lehrmeister und Schüler im Geist geduldigen Experimentierens gemeinsam voranschreiten, die in erster Linie als Personen mit ihren Geschichten in endlosen Zyklen des Zeigens, Experimentierens und Verifizierens immer und immer wieder, in alle Unendlichkeit, miteinander in Beziehung treten? Dann ist die Unendlichkeit, wie Rancière feststellt, »nicht mehr das Geheimnis des Lehrmeisters, es ist das Fortschreiten des Schülers«.[77] Das Buch ist zu Ende, aber das Fortschreiten geht ad infinitum weiter.

Das Toolkit des Lernenden

Im Laufe des vergangenen Jahres ist auf allen Computerbildschirmen meiner Universität eine neue Funktion aufgepoppt. Sie nennt sich »Toolkit des Lernenden« und wird

76 Biesta, *The Beautiful Risk of Education*, S. 33; Hervorhebung im Original.
77 Rancière, *Der unwissende Lehrmeister*, S. 34.

in Form von drei Mini-Icons dargestellt. Wenn man eines dieser Icons anklickt, öffnet sich ein Fenster, das dem verblüfften Erstsemester viele nützliche und wohlmeinende Ratschläge erteilt. Das Programm bietet nach eigener Auskunft »*Tipps, Tools und Techniken, die das Leben an der Universität erleichtern*«. Was mich aufmerken ließ, waren aber die Icons selbst. Das erste stellt den Umriss eines Kopfes dar; wo eigentlich die Ohren hingehören, sind ihm ein paar Kopfhörer gewachsen. Das zweite scheint das rechteckige Display eines Smartphones mit abgerundeten Ecken zu zeigen. Auf dem dritten ist wieder der Kopf zu sehen, diesmal mit einer Sonnenbrille anstelle der Augen. Ich meinerseits besitze weder Kopfhörer noch Smartphone, und eine Sonnenbrille trage ich nur gelegentlich, um meine Augen vor grellem Licht zu schützen. Doch ich habe mein eigenes Toolkit, das ich immer mit mir herumtrage. Es hat ebenfalls drei Komponenten: einen Stift, ein kleines Notizbuch und eine Brille. Legen wir das Toolkit des Lernenden und das meinige doch einmal nebeneinander. Die Kopfhörer: Sie speisen einen Informationsfluss oder »Feed« ins Gehirn ein – und der Stift? Er wagt sich hinaus, entlang einer Linie, seine Spitze ist immer explorativ. Was durch die Kopfhörer eintritt, ist immer schon vorarrangiert; was bei der Stiftführung herauskommt, ist eine Improvisation. Das Smartphone-Display: Auf die Berührung eines Fingers hin bearbeitet es Informationsanfragen, in Wort und Bild – und die Seiten meines Notizbuchs? Sie speichern Erinnerungsfragmente, halbfertige Ideen, die auf die Schnelle eingefangen wurden, unvollendete Sätze voller Streichungen, Wortlisten und Kritzeleien, den Abfall eines Geistes bei der Arbeit. Die Sonnenbrille: ein Schutzschild, um sich dahinter zu verstecken – und meine Brille? Natürlich brauche ich sie zum Lesen und Schreiben. Sie ist ein Aufmerksamkeitsinstrument, das meine schwindende Sehkraft kompensiert. Und sie erlaubt es auch den anderen, sich mir zuzuwenden, mich Auge in Auge zu sehen.

Ein Vergleich der beiden Toolkits verrät viel über den Unterschied zwischen dem Begriff, den man sich heute zunehmend vom Lernen macht, und dem Lernbegriff, den ich hier umrissen habe. Der Icon-Dreiklang aus Kopfhörern, Display und Sonnenbrille ruft in mir ein beängstigendes Bild wach: wie man sich heutzutage in einem topmodernen, IT-besessenen Bildungsumfeld den idealen Studenten oder Schüler vorstellt. Der Lernende des Toolkits scheint ein vereinzeltes Individuum zu sein, das zuverlässig eingesperrt und von jedem sinnlichen Kontakt mit seinem Umfeld abgeschirmt ist – vom Licht durch die Sonnenbrille, von allen Geräuschen durch die Kopfhörer (der Kopf hat keine Nase zum Riechen und natürlich auch keine Hände zum Fühlen). Dieses Individuum ist vollkommen unbeweglich, aber auch ortlos: Und tatsächlich reitet der begleitende Werbetext sehr auf der Tatsache herum, dass das Programm überall und jederzeit online verfügbar ist. Während unser Lernender der Welt und den Menschen also blind und taub gegenübertritt, wird er andererseits konstant mit einem Strom von Informationen gefüttert, die er aus irgendeiner fernen Quelle in seinen Kopf downloaden kann: visuell vom Display seines Smartphones; auditiv durch die Kopfhörer, die seine Ohren verdecken. Was ist das für ein Lernen, das keine produktive Anstrengung vom Lernenden mehr fordert, ja nicht einmal seine Gegenwart; das den Lehrenden durch ein Programm ersetzt, welches den Kopf vom Körper trennt, den Geist von der Welt und den Lernenden gegen die potentiell verderblichen Auswirkungen etwaiger Störungen von außen durch einen Schutzschild abdichtet? In den vergangenen Jahrzehnten ist aus solchen Lernhilfen eine ganze Industrie mit zahllosen Anbietern, Marken und Passwörtern entstanden. Biesta spricht abschätzig von der »Lernifizierungsindustrie«; die unglaubliche Hässlichkeit des Ausdrucks ist dabei offenbar seiner Abscheu vor dem geschuldet, was er bezeichnet.[78]

78 Biesta, *The Beautiful Risk of Education*, S. 61.

»Lernifizierung« ist, wie Biesta zeigt, das, was herauskommt, wenn man Bildung und Erziehung den Kräften des Marktes überlässt, wobei die Marktkräfte in unserem Fall aus Individuen mit bestimmten Bedürfnissen und aus Anbietern mit den Mitteln, diese zu befriedigen, bestehen. Bei der Lernifizierung ist der Studierende kein Anfänger mehr, der seine Bedürfnisse noch nicht kennen kann, sondern ein Kunde, der (oder dessen Familie) ganz genau weiß, was er braucht, und sich nicht scheut, unmittelbare Bedürfnisbefriedigung zu verlangen. Kaum dass er auf dem Fahrersitz seines Lebens Platz genommen hat, besitzt der Studierende als Kunde die Macht, dem Bildungsgeschäft seine Bedingungen zu diktieren. Der Pädagoge, der sich kraft seines Amtes ehemals mit der Befugnis ausgestattet fand, sowohl den Inhalt der Lehre als auch die Art und Weise ihres Vortrags zu bestimmen, sieht sich nun zu einem Dienstleister, Vermittler oder gar »Mittel« degradiert. Seine neue Rolle besteht darin, die Informationen, die der einzelne Lernende angefordert hat, zur Verfügung zu stellen, und zwar so aufbereitet, dass dieser sie so leicht wie möglich aufnehmen und verdauen kann. In der schönen neuen Welt der Lernifizierung verliert der *Ort* des Lernens – einschließlich seiner Architektur und seiner Einrichtung – enorm an Bedeutung. Seminar- und Klassenräume, die einmal den Rahmen für Lernpraktiken bildeten, werden zu einer Art Dienstleistungszentren umfunktioniert und mit unzähligen Computern vollgestellt, hinter denen die Studierenden durch die Geisterbahnen der Multiple Choice navigieren, ohne an ihre Mitstudierenden überhaupt noch einen Gedanken zu verschwenden. Die Tafeln, um die sich Studierende und ihre Lehrer einstmals scharten, um zu schreiben oder zu zeichnen, etwas zu kommentieren oder zu beobachten, wurden abgeräumt und durch glatte weiße Leinwände ersetzt, auf die man nicht zeichnen oder schreiben darf; erlaubt ist nur die Projektion von Bildern. Um diese Bilder besser sehen zu können, wurden die Fenster mit Jalousien versehen; so kann man nun per Fernbedienung das Tageslicht aussperren. Und der Hörsaal, einstmals ein Ort, an dem sich die Studierenden versammelten, um *gemeinsam zu hören* und die Hörerfahrung zu teilen, wird zu einem Theater, das nur dem ökonomischen Ziel der Massenproduktion dient: dieselbe Information gleichzeitig an Hunderte einzelner Studierender zu übermitteln.[79]

Im Zeitalter der Digitalisierung aber lässt sich die simultane Übermittlung natürlich problemlos gewährleisten, ohne die Studierenden überhaupt an einem Platz versammeln zu müssen. Wenn Lernen überall stattfinden und jeder als Anbieter auftreten kann, warum – so fragt sich vielleicht die eine oder andere – brauchen wir überhaupt Schulen oder Universitäten? Macht die Technologie unsere traditionellen pädagogischen Einrichtungen überflüssig? Die Antwort muss ein vernehmliches »Nein« sein. Denn Schulen und Universitäten sind vor allem anderen Orte des Lernens. Sie sind keine »Lernumgebungen« und sind – so wie es sich der Lernifizierungsdiskurs vorstellt – auch nie als solche gedacht gewesen. Studieren ist in jeder denkbaren Hinsicht genau das Gegenteil dessen, wofür das »Toolkit des Lernenden« die Werkzeuge liefern könnte. Es geht dabei nicht um Konsum, sondern um Produktion; nicht um private Aneignung, sondern darum, Dinge öffentlich zu machen. Es versammelt Studierende und Lehrende um einen Tisch, statt ihnen dabei zu assistieren, wie sie ihre Vereinzelung am besten fortsetzen. Das Studium verlangt von Studierenden und Lehrenden gleichermaßen, dass sie sich in ihrer Aufmerksamkeit und ihren Antworten gegenwärtig werden, statt sich hinter einer Übermittlungstechnologie zu verschanzen. Als Prozess des permanenten Neuanfangs geht das Studium immer weiter. Es ist nicht

79 Jan Masschelein/Maarten Simons, »The university in the ears of its students: on the power, architecture and technology of university lectures«, in: Norbert Ricken/Hans-Christoph Koller/Edwin Keiner (Hrsg.), *Die Idee der Universität – Revisited*, Wiesbaden 2014, S. 173–192.

auf die Erfüllung vorab definierter Zwecke ausgerichtet. Gemeinsame Interessen sollen geweckt, nicht individuelle Wünsche erfüllt werden. Das Studium bietet Freundschaft, Fürsorge, ja sogar Liebe, erhebt aber nicht den Anspruch, für das individuelle Wohlergehen zu sorgen. Studieren ist ein Transformationsprozess, kein Training, keine Dressur, keine Abrichtung. Weder bietet es Schutz und Sicherheit, noch macht es die Dinge leichter. Studieren kann schwer und aufwühlend sein: Es durchbricht die Abwehrmechanismen des Vorurteils und bringt das Denken aus dem Gleichgewicht. Genau dadurch kann es uns befreien. Kein Wunder also, dass Biesta die neue Sprache des Lernens im Hinblick auf die pädagogische Doppelaufgabe von Engagement und Emanzipation »vollkommen nutzlos« findet.[80] Und tatsächlich kann man aus gutem Grund bezweifeln, dass Lernen in dem beschriebenen Sinne überhaupt etwas mit Bildung oder Erziehung zu tun hat. Ich glaube nämlich, das hat es nicht.

80 Biesta, *The Beautiful Risk of Education*, S. 61.

Die Anthropologie, die Kunst und die Universität

Anthropologie als *Erziehung*

Ich bin von Haus aus Anthropologe. Und für mich ist die Anthropologie eine großzügige, ergebnisoffene, vergleichende und trotz allem kritische Untersuchung der Bedingungen und Potentiale des menschlichen Lebens in der von uns allen gemeinsam bewohnten Welt. Sie ist *großzügig*, weil sie darauf achtet und antwortet, was andere Menschen tun und sagen. In unseren Forschungen empfangen wir bereitwillig, was uns gegeben wird, statt mit List und Tücke zu Tage fördern zu wollen, was wir nicht angeboten bekommen, und wir bemühen uns zurückzugeben, was wir anderen für unsere eigene intellektuelle, praktische und moralische Ausbildung schulden. Das geschieht vor allem durch teilnehmende Beobachtung; darauf werde ich später noch eingehen. Die Anthropologie ist *ergebnisoffen*, weil sie nicht das Ziel verfolgt, endgültige Lösungen zu finden, die das Sozialleben abschließen, sondern vielmehr zeigen will, auf welchen Wegen es sich fortsetzen lässt. In diesem Sinne fühlen wir uns einer nachhaltigen Lebensführung verpflichtet – und zwar nicht einer Form von Nachhaltigkeit, die die Welt für einige durch den Ausschluss anderer zu einem nachhaltigen Ort macht, sondern eine Form von Nachhaltigkeit, die nichts und niemanden ausschließt. Die Anthropologie ist *vergleichend*, weil sie zur Kenntnis genommen hat, dass keine Seinsweise alternativlos ist und dass es zu jedem eingeschlagenen Weg und zu jeder gefundenen Lösung andere Optionen gibt, die uns in andere Richtungen führen würden. Kein Weg ist in diesem Sinne der einzig »natürlich« vorherbestimmte. Auch wenn wir uns für irgendeinen Weg entschieden haben, begleitet uns deshalb immer die Frage »warum dieser Weg und nicht jener andere?«. Die Anthropologie ist schließlich *kritisch*, weil wir mit dem gegenwärtigen Zustand der Dinge nicht zufrieden sein können. Nach übereinstimmender Meinung hat die in der Moderne herrschende Organisation der Produktion und Verteilung, des Regierens und Wissens unsere Welt an den Rand des Abgrunds geführt. Bei der Suche nach möglichen Wegen, um fortbestehen zu können, sind wir deshalb auf alle Hilfe angewiesen, die wir bekommen können. Niemand aber – keine indigene Bevölkerungsgruppe, keine spezialisierte Wissenschaft, keine theoretische Lehre oder Philosophie – hat ein Patentrezept für die Zukunft, an das wir uns einfach nur halten müssten. Wir müssen unsere Zukunft gemeinsam in die Hand nehmen, und das geht nur im Dialog. Aufgabe der Anthropologie ist es, den Horizont dieses Dialogs zu erweitern und aus dem menschlichen Leben selbst ein Gespräch zu machen.

Lässt sich nicht dasselbe von der Bildungs- und Erziehungswissenschaft sagen? Teilt Erziehung nicht alle genannten Merkmale: Großzügigkeit, Ergebnisoffenheit, Vergleich und kritische Haltung? Ist es nicht auch ihr Zweck, den Fortbestand des Lebens zu sichern? Die Antwort darauf hängt natürlich davon ab, was wir unter »Erziehung« verstehen, und sowohl in der Politik als auch in der pädagogischen Praxis wird das Wort oft in einem Sinne gebraucht, der keinem dieser Kriterien gerecht wird. Weder ein System von Befehl und Gehorsam, wie in einem preußischen Internat, noch eines der warenförmigen Dienstleistungen, wie in den heutigen »Lernumgebungen«, ist mit dem Prinzip des gemeinsamen Gebens (*com-munus*), das der großzügigen Verbundenheit zugrunde liegt, vereinbar. Eine Pädagogik, die einen vorgegebenen Lehrplan abspult, um zu altbekannten Ergebnissen zu kommen, lässt sich kaum als ergebnisoffen bezeichnen; eine Erziehung, die ausschließlich darauf ausgerichtet ist, gewisse Normen und Werte einzuschärfen, ohne dabei je über den eigenen Tellerrand zu blicken, ist nicht wirklich vergleichend. Und eine auf Kritik festgelegte Bildung, die ihre Schüler in die Kunst des Vermutens und Widerlegens oder die des Verteidigens und Angreifens von Standpunkten und Perspektiven einweist, trägt wenig zur Kultivierung eines wahrhaft kritischen Denkens bei, das geeignet wäre, an die Fundamente des Verstehens zu rühren. In den vorhergehenden Kapiteln habe ich zu zeigen versucht, dass man Erziehung anders denken kann. John Dewey hat diesen alternativen Ansatz schon vor hundert Jahren umrissen, der sich leider bis heute nicht durchgesetzt hat. In meinem Schlusskapitel möchte ich darlegen, dass die von Dewey inaugurierten Prinzipien der Erziehung tatsächlich auch die Prinzipien der Anthropologie sind, dass Anthropologie und Erziehung mithin parallele, wenn nicht gar identische Vorhaben sind. Mit vereinten Kräften hätten sie das Potential, die Welt zu verändern.

Ich werde wie folgt vorgehen. Zunächst werde ich auf das eingehen, was meines Erachtens die Arbeitsweise der Anthropologie vor allem auszeichnet: die teilnehmende Beobachtung. Entgegen der landläufigen Meinung, dass teilnehmende Beobachtung eine besondere ethnographische Methode sei, möchte ich deutlich machen, dass sie eine ontologische Festlegung beinhaltet: Sie geht nämlich von der Erkenntnis aus, dass wir über die Welt nur etwas wissen können, weil wir Teil der Welt oder, wie es die Wissenschaftstheoretikerin Karen Barad formuliert, Teil ihres »je unterschiedlichen Werdens« sind.[1] Zweitens werde ich in einem Vergleich dessen, was Bildungs- und Erziehungstheoretiker »Schule« (*school*) und Anthropologen »das Feld« nennen, die These vertreten, dass sich beide derselben Untersuchungs- und Lernpraktiken bedienen (*practices of study*); woraus ich die Folgerung ableite, dass der wahre Zweck der Anthropologie nicht, wie gemeinhin angenommen, ein ethnographischer, sondern ein erzieherischer ist. In der Folge werde

1 Karen Barad, *Agentieller Realismus*, Berlin 2012, S. 100.

ich drittens zeigen, wie die Anthropologie aus dieser Perspektive zu einer Verbündeten der Kunst wird, und damit viertens, wie eine solche Sichtweise dazu beitragen kann, die Kluft zwischen Kunst und Wissenschaft zu schließen, die in der Ideengeschichte der Moderne so viele Spaltungen produziert hat. Das bringt mich fünftens zu einer Reihe allgemeinerer Fragen im Zusammenhang mit der veränderten Bedeutung des intellektuellen Projekts »Forschung« – sowohl in den Künsten und Geisteswissenschaften wie in den Naturwissenschaften – und mit dem Verhältnis von Forschung und Lehre, die ich nicht als getrennte, komplementäre Tätigkeitsbereiche betrachte, sondern als untrennbare Dimensionen ein und derselben Erziehungsaufgabe – einer Aufgabe, die sowohl Fürsorge als auch Neugier erfordert. Sechstens werde ich herausarbeiten, welche Implikationen ein solcher Erziehungsbegriff für die Idee der Fachgrenzen und der Interdisziplinarität hat, und für eine Korrespondenz der Fragestellungen plädieren, die insofern *nicht* an Fachgrenzen gebunden sind, als sie die in den etablierten Fachdiskursen impliziten Territorialisierungen des Wissens unterminieren. In den letzten beiden Abschnitten werde ich mich wieder der Universität als Ort der höheren Bildung zuwenden, der augenblicklich in ungekanntem Maße in seiner Existenz bedroht ist. Ich werde die These vertreten, dass die Ziele der Anthropologie, der Universität und der Erziehung und Bildung selbst aufs Engste miteinander verknüpft sind und dass nur eine grundlegende Revision der Prinzipien von Freiheit und Universalität ihre gemeinsame Zukunft garantieren kann. Akademische Freiheit muss, so mein Argument, nach dem Prinzip der Gewohnheit, nicht nach dem des Willens gedacht werden. Und das Universum, in dem wir forschen, lernen und lehren, beruht nicht auf wesentlicher Ähnlichkeit, sondern auf unendlicher Differenz.

Teilnehmende Beobachtung[2]

Wenn es je eine Praxis des Sich-Aussetzens und der Aufmerksamkeit, des Sich-anderen-zur-Verfügung-Stellens gegeben hat, die uns in eine Welt hinausführt, in der wir uns der Gesellschaft dieser anderen erfreuen, die uns diese anderen gegenwärtig macht, zugleich aber Bindungen und Bestimmungen aufhebt, so ist es gewiss die als »teilnehmende Beobachtung« bekannte Arbeitsweise der Anthropologen. Beobachten heißt schauen, was um uns herum und in der Welt vor sich geht, und natürlich auch zuhören und empfinden. Teilnehmen bedeutet, das im Fluss der Tätigkeiten zu tun, in dem man ein Leben bei und mit den unsere Aufmerksamkeit erregenden Personen und Dingen führt. Normalerweise wird der teilnehmende Beobachter über einen längeren Zeitraum von Monaten oder gar Jahren mit den Menschen, die an einem bestimmten Ort ansässig oder durch eine bestimmte Tätigkeit miteinander verbunden sind, zusammenleben und, so gut er kann, sowohl sie als auch die Dinge, mit denen sie zu tun haben, nach ihren eigenen Begriffen kennenlernen und im Zuge dieses Prozesses von ihnen lernen. In dem, was Anthropologen als »das Feld« bezeichnen (dazu später noch Näheres), sind die Menschen *da*: um gefragt zu werden und Antworten zu bekommen, um – ihrerseits Beobachter – beobachtet zu werden. Die anthropologische Teilnehmerin, die die Situation niemals kontrolliert und nie weiß, was der Tag bringen wird, ist verletzlich, in hohem Maß dem Lauf der Ereignisse ausgeliefert und immer auf ihr Improvisationstalent angewiesen. Nie erschöpfen die Antworten, die sie erhält, ihre Fragen; sie werfen nur immer neue Fragen auf, die sie zwar keiner Lösung näherbringen, ihr aber doch einen zusammenhän-

2 Dieser Abschnitt schließt sich an Überlegungen an, die ich in meinem Aufsatz »That's enough about ethnography!« entwickelt habe; in: *HAU: Journal of Ethnographic Theory* 4, 1 (2014b), S. 383–395.

genden Lebensprozess erschließen. Nichts daran ist eigen- oder einzigartig. In Wirklichkeit unterscheidet sich die teilnehmende Beobachtung der Anthropologie nur graduell von dem, was alle Menschen immer tun: Sie ist nämlich in Wirklichkeit keine spezifisch anthropologische Arbeitstechnik, sondern der verdichtete Ausdruck unser aller Arbeitsweise. Denn das »Feld« der Anthropologin ist, wie ich noch zeigen werde, nichts anderes als die *undercommons*; und die *undercommons* sind, so hatten wir in Kapitel 3 gesehen, auch wenn wir das nur ungern zugeben, immer da.

Manchmal wird unterstellt, dass Teilnahme und Beobachtung in einem Widerspruch zueinander stehen. Wie kann jemand beobachten, was geschieht, und sich gleichzeitig daran beteiligen? Erinnern wir uns an Serres' Bild der zwei Flüsse. Da ist zum einen der Fluss, den wir, am Ufer stehend, fließen sehen; und zum anderen der Fluss, dem der Schwimmer in der reißenden Strommitte trotzt. Fordert teilnehmende Beobachtung nicht von uns, beide Flüsse zugleich zu »bewohnen«? »Man kann«, nach Ansicht des Anthropologen Michael Jackson, »abwechselnd, nicht aber gleichzeitig [...] beobachten und teilnehmen«.[3] Denn Beobachtung und Teilnahme produzieren, so führt er weiter aus, verschiedene Datentypen, nämlich zum einen objektive und zum anderen subjektive Daten. Wie bitte soll man die engagierte Haltung des Teilnehmers mit der losgelösten Position des Beobachters in Einklang bringen? All diese Fragen aber entstammen einem metaphysischen Register, das sich a priori, vor aller Erfahrung, an eine transzendente Menschheit wendet. Dieses tief in die Protokolle der Normalwissenschaft eingeschriebene Register treibt einen Keil zwischen die Formen unseres Wissens *über* die Welt und unsere Weisen des *in* der Welt Seins. Demnach scheint unsere einzige Möglichkeit, gesichertes Wissen über die Welt zu erlangen, in einer

3 Michael Jackson, *Paths Toward a Clearing: Radical Empiricism and Ethnographic Inquiry*, Bloomington (IN) 1989, S. 51.

Emanzipation von der Welt zu liegen, einer Emanzipation, die uns allerdings der Welt und unserer eigenen Existenz entfremdet. Es hat den Anschein, als könnten wir nicht länger in der Welt sein, über die wir etwas wissen wollen.[4] Der vermeintliche Gegensatz von Teilnahme und Beobachtung ist nichts anderes als eine logische Folge dieser Austreibung des Seins aus dem Wissen, der Ontologie aus der Epistemologie. Wenn wir jemals etwas wissenschaftlich verstehen wollen, dann müssen wir von der subjektiven Erfahrung des reißenden Stroms Abstand nehmen und wieder festen Boden unter die Füße bekommen, um mit der Sicherheit und Festigkeit unserer Ufer-Position objektiv auf die Erfahrung des Mitgerissenwerdens zurückzublicken. Im selben Handstreich wird das, was wir *mit* den Menschen erlebt und erlitten haben, zu einer Prüfung umgedeutet, der wir uns absichtlich unterzogen haben, um sie zu *er*forschen. Damit haben wir sozusagen das attentionale »Erleben-Erleiden-Tun« des Gemeinlebens eingeklammert, nur um es als ein Erleben-Erleiden im Rahmen der intentional verrichteten Forschungsarbeit im Feld wieder aufzurichten. Und nichts anderes tun wir, wenn wir unsere teilnehmende Beobachtung als *ethnographische* Tätigkeit definieren.

Unter ethnographischen Vorzeichen werden die, die uns etwas beibringen, zu Forschungsgegenständen umgedeutet. Das ist ungefähr so, als würde man von der falschen Seite durch ein Teleskop gucken. Statt die Erfahrung der Menschen, unter denen wir gelebt haben, zur Erweiterung unseres Weltbilds zu nutzen, blicken wir von den olympischen Höhen unserer »Theorie« herab, um nun das Denken unserer ehemaligen Gefährten als »Datenmaterial« unter die Lupe zu nehmen. Ich glaube, der Ursprung des Problems liegt in dem kleinen Wörtchen *von*. Denn immer, wenn wir uns auf die Anthropologie *von* diesem oder jenem berufen,

4 Tim Ingold, *Making Anthropology, Archeology, Art and Architecture*, Abingdon 2013b, S. 5.

ist es so, als würden wir Ringe um die betreffende Sache legen und die Orte oder Wege, von denen ausgehend wir beobachten, zu festumrissenen Gegenständen unserer Forschung abdichten. Das »*Von*-Sein« macht aus dem anderen, mit dem wir korrespondieren, ein Objekt, es macht aus der Beobachtung eine Objektivierung. Die Beobachtung liefert, wie uns Jackson in ebendiesem Sinne mitteilt, »objektive Daten«.[5] *Mit* oder *bei* jemandem oder etwas zu beobachten ist aber nicht dasselbe wie ihn oder es zu objektivieren oder zu verdinglichen; es heißt, *sich* den Personen und Dingen *zuzuwenden*, von ihnen zu lernen und ihnen im Grundsatz und in der Praxis zu folgen. So beobachtet der Lehrling bei seiner Anwendung praktischen Wissens; so beobachtet der Gläubige bei den Ritualen des Gottesdienstes; so beobachtet der Anthropologe im Feld beim Verrichten alltäglicher Aufgaben. Das »*Von*-Sein« ist intentional, das »*Mit*-Sein« attentional. Und was hier etabliert wird, ist eine – in Wahrnehmung und Handlung – teilnehmende Koppelung von Beobachtendem und Beobachtetem. Auf diese Weise stellt man die Existenz über die Essenz, versöhnt Wissen und Sein und integriert die Beobachtung wieder in die Teilnahme an einem in Gesellschaft anderer gelebten Leben. De facto kann es im Register der Existenz, des Gemeinlebens, kein Beobachten ohne Teilnehmen geben. Die teilnehmende Beobachtung ist also *alles andere als* eine verdeckte Ermittlungstechnik, um Informationen über Menschen zu sammeln – unter dem Vorwand, man wolle etwas von ihnen lernen. Vielmehr ist sie – in Wort und Tat – die Einlösung dessen, was wir der Welt für unsere eigene Bildung und Entwicklung schuldig sind. Das meine ich mit »ontologischer Festlegung«.

Teilnehmendes Beobachten bedeutet aber auch, sich erziehen zu lassen. Meiner Ansicht nach gibt es tatsächlich gute Gründe, um den fundamentalen Zweck der Anthropologie als »Erziehung« und nicht als »Ethnographie« zu beschrei-

5 Jackson, *Paths Toward a Clearing*, S. 51.

ben. Damit möchte ich nun keine Werbung machen für ein zu Unrecht vernachlässigtes Spezialgebiet der Anthropologie: die Anthropologie der Bildung und Erziehung. Vielmehr geht es mir darum, die Anthropologie an sich als eine Bildungs- oder Erziehungs*praxis* zu begreifen. Als Praxis widmet sie sich dem, was der Anthropologe Kenelm Burridge *Metanoia* genannt hat: »eine endlose Reihe von Transformationen, von denen jede einzelne die Bestimmungen des Seins verändert«.[6] Das ist natürlich nur eine andere Formulierung für Deweys »Prinzip der Gewohnheit«, demzufolge »jede vollzogene und erlebte Erfahrung denjenigen, der handelt und erlebt, verändert«.[7] Obwohl Burridge die *Metanoia* als Ziel der Ethnographie ausgibt, kennzeichnet sie meines Erachtens viel eher das Ziel von Erziehung. In Jacksons Arbeit findet sich das beste Beispiel dafür. Ein Großteil seiner anthropologischen Feldforschung führte er unter den Kuranko durch, die im westafrikanischen Staat Sierra Leone leben. Dieses Land, so gibt er Auskunft, »hat mich verändert; es hat mich zu der Person gemacht, die ich bin, und die Anthropologie geprägt, die ich praktiziere«. Genau so ist es: Und aus diesem Grund ist die Anthropologie, die er betreibt, nach meiner Überzeugung eine Praxis der Erziehung und *nicht* der Ethnographie. »Ich habe meine Forschungen unter den Kuranko nie so gesehen, als würde ich eine einzigartige Lebenswelt oder ein fremdes Weltbild ausleuchten«, bekennt Jackson. »Es war vielmehr das Laboratorium, in dem ich zufälligerweise die *conditio humana* erforschte«.[8] Die Erforschung der Bedingungen und Möglichkeiten des Menschseins: Das *ist* Anthropologie. Und es ist auch das, was Jackson mit seinen Gastgebern vom Volk der Kuranko

6 K. O. L. Burridge, »Other people's religions are absurd«, in: W. E. A. van Beek/J. H. Scherer (Hrsg.), *Explorations in the Anthropology of Religion: Essays in Honour of Jan van Baal*, Den Haag 1975, S. 8–24, hier: S. 10.

7 John Dewey, *Experience and Education*, New York 2015, S. 35.

8 Michael Jackson, *Essays in Existential Anthropology*, Chicago (IL) 2013, S. 28; Hervorhebung im Original.

praktiziert. Eben weil er das Ziel seiner Forschungen so definiert und *nicht* als Studien über die besonderen Eigenarten der Kuranko-Lebenswelt, sind sie keine Ethnographie. Warum aber versteht sich Jackson trotzdem als Ethnologe?

An anderer Stelle beschreibt er sein anthropologisches Projekt fast in erziehungsphilosophischen Begriffen: Es gehe darum, sagt er, »dem Denken über Erfahrung neue Möglichkeiten zu erschließen« – einen Prozess, den er im Anschluss an den Philosophen Richard Rorty als »Bildung« (*edification*) bezeichnet.[9] Bilden bedeutet für Rorty, das Gespräch am Laufen zu halten und sich umgekehrt gegen alle Forderungen nach endgültigen, objektiven Lösungen zu verwahren. Es heißt, einen Raum zu eröffnen, so schreibt Rorty, der »dem Staunen seinen Platz erhalten [...] [kann], das die Dichter manchmal hervorrufen können – dem Staunen, daß es etwas Neues unter der Sonne gibt, etwas, das nicht im genauen Darstellen des schon Vorhandenen aufgeht, etwas, das (zumindest im Augenblick) nicht zu erklären und kaum zu beschreiben ist«.[10] Ist dieses Staunen, für das sich Rorty auf den Dichter beruft, nicht auch Quelle der anthropologischen Sensibilität? Erinnern wir uns an Rancières Beobachtung aus dem letzten Kapitel, dass die menschliche Kommunikation, das Teilen von Empfindungen, die Haptikalität der *undercommons* etwas Poetisches hat. Der Dichter schreibt schließlich nicht *auf*, sondern *mit*. William Wordsworth schrieb mit seiner Dichtung nicht seine Wanderungen im englischen Lake District *auf*; vielmehr war doch sein Schreiben, genau wie sein Wandern, eine Korrespondenz *mit* dem Land, an der auch wir teilhaben können, wenn wir lesend mit ihm aufbrechen. Können Anthropologen nicht zugleich Dichter sein? Einige sind es tatsächlich, bekanntlich auch Jackson. Hier aber meine ich nicht, dass wir Anthropologen uns ein Hobby

9 Ebd. S. 88.

10 Richard Rorty, *Der Spiegel der Natur. Eine Kritik der Philosophie*, Frankfurt a. M. 1981 [1979], S. 400 f.

zulegen und in unserer Freizeit dichten sollten, sondern dass wir beim Schreiben als Anthropologen Mittel und Wege finden könnten, uns der Welt zu öffnen, wie wir es auch beim Träumen tun, wo Phantasie und Realität eins werden. Einem solchen Schreiben könnte es dann vielleicht gelingen, nicht nur zu informieren, sondern auch zu inspirieren.

Wie die Poesie so staunt und wandert auch die Anthropologie. Das Staunen liegt in der Aufmerksamkeit begründet, das Wandern im Mitgehen. Der Novize-Anthropologe ist einerseits aufgerufen, sich dem zuzuwenden, was andere sagen und tun, was in der Welt um ihn herum vor sich geht; andererseits ist er aufgerufen, die anderen auf ihren Wegen zu begleiten und es ihnen nachzutun, was dies beinhalten und wohin es ihn auch führen mag. Dieses Ausgesetztsein kann zermürben und große existenzielle Risiken bergen; so als würden wir in einer unentdeckten Welt Segel setzen – in einer Welt, in der die Dinge noch nicht konfektioniert, sondern kontinuierlich im Werden begriffen sind. Als ein nicht vom Gegebenen, sondern von dem, was *im Begriff ist*, ein Gegebenes zu werden, Befehligter – so drückt es Masschelein aus – muss man sich darauf einstellen, zu warten.[11] Sich den Dingen zuzuwenden heißt nämlich nichts anderes, als auf die Dinge zu warten. Und wie jeder Anthropologe weiß, wird bei der teilnehmenden Beobachtung mehr Zeit damit verbracht zu warten, dass die Menschen auftauchen und die Dinge geschehen, als mit planvoll-aktivem Handeln.

Schule und Feld

Die Praxis der teilnehmenden Beobachtung besteht folglich darin, uns auf die Korrespondenz mit denen, unter denen wir forschen, einzulassen. Hierin liegt, so glaube ich, der

11 Jan Masschelein, »E-ducating the gaze: the idea of poor pedagogy«, in: *Ethics and Education* 5, 1 (2010b), S. 43–53, hier: S. 46.

pädagogische Zweck, die pädagogische Dynamik und das pädagogische Potential der Anthropologie. Sie ist in diesem Sinne genau das Gegenteil der Ethnographie. Denn, um auf Jacksons Unterscheidung zurückzukommen, das Ziel der Ethnographie ist ja vielmehr, »eine Lebenswelt auszuleuchten«, »die conditio humana zu erforschen«.[12] Es geht ihr darum, über das Leben, wie es von irgendeinem Volk zu irgendeinem Zeitpunkt an irgendeinem Ort tatsächlich gelebt, begriffen und erfahren wird, Bericht zu erstatten – in Schriftform, filmisch oder durch andere grafische Mittel. Gute Ethnographie ist in der Abbildung des von ihr dargestellten kontextsensibel, detailreich und vor allem gewissenhaft. Das alles sind wertvolle Eigenschaften. Es sind aber nicht die Eigenschaften, auf die es der Anthropologie ankommt. Im Feld wie an der Universität hat sie den Anspruch, *mit* den Menschen zu lernen und zu forschen, nicht *über* sie. Schließlich wollen wir nicht bei großen Wissenschaftlern studieren, um für den Rest unseres Lebens deren Philosophien oder Weltbilder beschreiben, darstellen und analysieren zu müssen. Es ist nicht der Zweck universitären Lernens, alles, was unsere Professoren sagen, durch treue Widergabe ihrer Worte oder differenzierte Analyse ihrer Ideen in einen Kontext zu stellen. Wir sind nicht verpflichtet, ihr Denken nachzubeten. Die Gabe des Lehrens zu empfangen heißt, mit Imaginationskraft in die Welt einzutreten, die unsere Lehrer eröffnet haben, und uns ihnen bei ihrer Erkundung anzuschließen; es heißt nicht, mit dieser Welt abzuschließen. Sollte das der Fall sein und gleichermaßen zutreffen, was ich auch schon angedeutet habe, dass nämlich Anthropologie zu praktizieren bedeutet, sich – in gleichem Maße innerhalb wie außerhalb der Universität – bilden und erziehen zu lassen, dann muss das, was für die teilnehmende Einstellung zu unseren akademischen Gesprächspartnern gilt, auch für unsere »nicht-

12 Jackson, *Essays in Existential Anthropology*, S. 28.

akademischen« Gesprächspartner gelten. Warum sollte es hier irgendeinen Unterschied geben? Im Feld wie an der Universität forschen und lernen wir, um uns – in unserem Wissen, unserer Weisheit, unserem Urteil – weiterentwickeln zu können und um besser auf die Aufgaben vorbereitet zu sein, die bei der Gestaltung unserer gemeinsamen Welt vor uns liegen. Wissen bleibt Wissen, wo es auch gewachsen ist, und wenn der Zweck, den wir mit der universitären Wissensvermehrung verbinden, ein pädagogischer und kein ethnographischer ist, dann sollte dies außerhalb der Universität nicht anders sein.

Zwischen Universität und Feld als Studienorten gibt es tatsächlich viele Gemeinsamkeiten, und vieles von dem, was ich im letzten Kapitel über den Sinn von Erziehung gesagt habe, lässt sich auf die anthropologische Feldforschung übertragen. Die Feldforschung kann nicht allein, sie muss mit anderen zusammen durchgeführt werden; sie ist an echten Problemen orientiert, nicht aber, um Lösungen zu finden; sie ist spekulativ, nicht prognostisch; kritisch, aber nicht kritisierend. Wie die Universität im schwachen Sinne der *scholè* ist auch das Feld ein *undercommons*, es lebt von minoritären Gesten. Feldforschung besteht nicht darin, Methoden anzuwenden, um Ergebnissen zu produzieren; sie ist eine Praxis des geduldigen Experimentierens, die aus jeder Antwort eine neue Frage hervorgehen lässt. Wenn Moten Forschung in den *undercommons* als »mit anderen Menschen sprechen und herumlaufen« beschreibt und Harney darüber sagt, man erlaube sich, »von anderen, während sie [...] Dinge tun, ergriffen zu werden«, so passt ihre Beschreibung zur Feldforschung ebenso gut wie zur universitären Lehre.[13] Daraus würde allerdings folgen, dass das »Feld« für die Anthropologin nicht dasselbe wäre wie das »Alltagsleben« für ihre Gastgeberinnen; so als wäre nur Erstere ausgesetzt, während

13 Stefano Harney/Fred Moten, *The Undercommons: Fugitive Planning and Black Study*, Wivenhoe/New York/Port Watson 2013, S. 109 f.

Letztere vollkommen unberührt ihren Alltagsgeschäften nachgingen. Die Parallele zur Universität legt aber umgekehrt nahe, dass das Feld auch für die Gastgeberinnen zu einem der alltäglichen Zeitrechnung enthobenen Ort wird, an dem die gewöhnlichen Erwartungen suspendiert oder in der Schwebe gehalten und die Dinge verfremdet oder enteignet sind. Es ist ein Milieu, ein mittlerer Ort, an dem sich die Welt nicht nur für die Anthropologin, sondern auch für ihre Gastgeberinnen öffnet. Genau diese Öffnung ermöglicht ein *undercommoning* – eher als ein Verstehen (*understanding*).

Nicht jede Teilnahme ist also anthropologisch. Und so sollten wir beispielsweise auch denen, die sie, wie die Werbetrommler der Lernifikation, als Patentrezept für »nutzerzentriertes« Lernen anpreisen, mit großer Skepsis begegnen. Genau wie es, Biesta zufolge, einen Unterschied zwischen edukativer und nicht-edukativer Teilnahme gibt,[14] so wollen wir gleichermaßen festhalten, dass teilnehmende Beobachtung nur dann anthropologisch ist, wenn sie die Perspektiven *aller* Teilnehmer verändert. Sich einfach anzupassen – lernen, wie selbstverständlich »dazuzugehören« – mag ausreichen, um ethnographische Tatsachen zu sammeln, birgt aber kein Veränderungspotential. Erinnern wir uns, dass dieses Potential – der Überschuss an *commoning* und Variation über die bloße Informationsübermittlung – für Dewey genau das war, was Erziehung von Dressur unterschied. Auf vergleichbare Weise unterscheidet sich für uns dadurch die Anthropologie von der Ethnographie. Auch in diesem Fall hat die Unterscheidung eine zeitliche Dimension. Die Anthropologie findet, wie Manning sagen würde, »im Zuge des Ereignisses« statt.[15] Als eine Form immanenten Wissens verfährt sie mittels interstitieller Differenzierung (*interstitial differentiation*); sie wird von den

14 Gert J. J. Biesta, *Beyond Learning: Democratic Education for a Human Future*, Boulder (CO) 2013, S. 33.

15 Erin Manning, *The Minor Gesture*, Durham (NC) 2016, S. 20.

Modifikationen, die mit jeder realisierten Erfahrung einhergehen, gebeugt. Die Zeit, die hierfür benötigt wird, ist Zeit, die man, so Mannings Formulierung, damit verbringt, in »mobile[r] Koexistenz«[16] – das heißt: in Korrespondenz – mit anderen mitzugehen. Die Ethnographie dagegen liefert eine retrospektive Darstellung: eine Abduktion von den Ereignissen, die schon geschehen sind, auf die Intentionen, die sie motiviert haben, und die Kontexte, in die sie eingebettet waren, und einen Nachvollzug der Kausalzusammenhänge, aus denen sie hervorgegangen sind. Was für die Anthropologie die »Korrespondenz«, ist für die Ethnologie die »Rückrasterung« (*backgridding*).

Die teilnehmende Beobachterin, die sich im Feld als Ethnographin positioniert, muss sich also dafür rechtfertigen, dass sie parallel in zwei unterschiedliche Richtungen arbeitet. In dem, was gerne als »ethnographische Begegnung« apostrophiert wird, scheint sie sich anderen anzuschließen: Sie lässt diese anderen in ihre Gegenwart ein, wie sie sich auch ihnen gegenwärtig macht, nur um ihnen gleichzeitig den Rücken zu kehren, so als wären sie gar nicht da. Denn sobald man eine Begegnung als »ethnographisch« kennzeichnet, liefert man das darin Aufkeimende augenblicklich der Vergangenheit des schon Vorübergegangenen aus. Der Anthropologe Johannes Fabian bezeichnet diese doppelgesichtige Einstellung als »Schizochronie«.[17] Mehr als irgendein Widerspruch zwischen Teilnahme und Beobachtung ist sie das eigentliche Dilemma, das den Versuch einer Verschmelzung von Anthropologie und Ethnographie zum Scheitern bringt. Sie ist der Grund, warum im Feld so viel Wert auf die Herstellung eines »Rapports« zwischen der Ethnographin und ihren Gastgeberinnen gelegt wird. In seinen widersprüchlichen Konnotationen von Annähern und Verpetzen

16 Ebd., S. 224.

17 Johannes Fabian, *Time and the Other: How Anthropology Makes its Object*, New York 1983, S. 37.

ist der »Rapport« nämlich auf ähnliche Weise schizochron. Er läuft darauf hinaus, sich offiziell anderen zuzuwenden, insgeheim aber über sie Protokoll zu führen.[18] Alle sind sich einig, dass es Zeit braucht, um einen Rapport herzustellen, eine Zeit, die nicht der Korrespondenz, sondern einer Art von »kognitiven Ausschachtung« dient – dem Herauslocken von Begriffen und Kategorien, die eine gemeinsame Basis des Verstehens bilden könnten. Selbstverständlich braucht auch Korrespondenz ihre Zeit, doch widmet sie sich einer kreativ-gespannten Aufmerksamkeit, durch die beide Parteien – Anthropologinnen und Gastgeberinnen – zu einem Einverständnis finden, das über die bestehenden Verständnisse *hinausführt*. Und dieser Prozess ist im Grunde endlos. Die Ethnographie hingegen erlegt Forschungsprozessen eine Teleologie auf; sie macht sie letztlich zu Übungen des Datensammelns, mit dem Ziel, bestimmte »Ergebnisse« zu produzieren, normalerweise in Form eines wissenschaftlichen Artikels oder einer Monographie. Analog zu dem, was Dewey über Erziehung gesagt hat, besteht auch der Sinn und Zweck von Anthropologie nicht darin, abschließende Lösungen zu finden, sondern sich Erfahrungen zu öffnen, die weitere Erfahrungen ermöglichen, damit ein immer von Neuem beginnender Prozess des grenzenlosen Wachsens und Entdeckens angestoßen wird. Für die Anthropologie, nicht anders als für die Erziehung, sind endgültige Ergebnisse tödlich.

Sind Künstler die wahren Anthropologen?

Zu Beginn dieses Kapitels habe ich mich zu meiner professionellen Identität als Anthropologe bekannt. Seit einigen Jahren aber zehrt etwas an meinem beruflichen Selbstver-

18 Eine gleichlautende Kritik am Rapport als einer hinterlistigen »Technik« der Informationsbeschaffung findet sich in: George E. Marcus, »From rapport under erasure to theaters of complicit reflexivity«, in: *Qualitative Inquiry* 7, 4 (2001), S. 519–528.

ständnis: Ich habe zunehmend das Gefühl, dass Künstler heutzutage diejenigen sind, die wirkliche Anthropologie betreiben. Sicher nicht alle Künstler. »Kunst« umfasst ein so breites Spektrum, ein so ausgefallenes Sortiment an Praktiken, dass sich jeder Versuch, sie auf einen gemeinsamen Nenner zu bringen, in den Fallstricken der Ausnahme von der Regel verfangen muss. Die endlosen Diskurse, die aus diesem Versuch heraus entstanden sind, waren vielleicht zahlreichen Universitätskarrieren förderlich, führten aber zu nichts anderem als zurück in das altbekannte undurchdringliche Dickicht. Ob eine Arbeit oder Darstellung Kunst ist oder nicht, ist wahrscheinlich die uninteressanteste Frage von allen. Sehr wohl aber lässt sich fragen, wodurch Kunst anthropologisch wird. Eine anthropologische Kunst zeichnet sich für meinen Begriff – genau wie die Anthropologie – durch Großzügigkeit, Ergebnisoffenheit, Vergleich und Kritik aus; sie ist eher neugierig als inquisitorisch; bietet eher eine allgemeine Fragerichtung, als dass sie Antworten einklagt; sie ist attentional, es gehen ihr keine Intentionen voraus; sie ist eher auf bescheidene Weise experimentell als grell provokativ; kritisch, aber nicht im permanenten Modus der Kritik. Sich in den Verbund der Kräfte einreihend, die Dinge und Ideen entstehen lassen, statt nur nach einem Ausdruck für das schon Existierende zu suchen, begreift anthropologische Kunst, ohne begrifflich zu sein. Eine solche Kunst revitalisiert Fürsorge und Sehnen, ermöglicht es dem Wissen, in Korrespondenz mit dem Leben aus dem Innern des Seins heraus zu wachsen.

Aus diesem Grund sind Praktiken wie Wandern, Zeichnen, Kalligraphie, Instrumentalmusik, Tanz, Formen des Herstellens von und des Arbeitens mit Materialien – Formen, die tendenziell am »Kunsthandwerks«-Ende des künstlerischen Spektrums angesiedelt und damit im Grunde aussortiert werden – für mich von exemplarischer Bedeutung. Künstler, die sich den genannten Praktiken widmen, kommen einer wirklichen Anthropologie aus meiner Sicht am nächsten, selbst wenn sie ihre Arbeit nicht bewusst als anthropologisch definieren. Die meisten Anthropologen wiederum betreiben in diesem Sinn gar keine echte Anthropologie. Wenn sie überhaupt zwischen Anthropologie und Ethnographie unterscheiden – was die Mehrheit von ihnen nicht tut –, dann sehen sie die Anthropologie bestenfalls als in einer späteren Phase hinzutretend: wenn nämlich die Erkenntnisse aus der ethnographischen Feldforschung »verzeichnet« sind und man von der Analyse des empirischen Datenmaterials zu den theoretischen Verallgemeinerungen übergeht. In diesem Moment wird aus dem, was zusammen mit anderen gelebtes Leben war, ein Vergleichs*fall*. Das Leben ist ergebnisoffen, der Fall aber ist abgeschlossen, er befindet sich im Besitz des Ethnographen. Dieses dreistufige Modell – Tatsachen aufzeichnen, Daten organisieren, Fälle vergleichen –, das von der ursprünglichen Begegnung zum abschließenden Ergebnis führt, ist es, das die Ethnographie zu einer *Methode* und damit zu einem Mittel für Zwecke macht, die letztlich anthropologisch sind. Und von bestimmten Tendenzen der zeitgenössischen Kunst, die sich »anthropologisch« nennen, wurde die Ethnographie hauptsächlich als eine solche Methode angeeignet.

Die meisten programmatischen Versuche, Anthropologie und Kunst zu vermählen, haben in der Ethnographie tatsächlich den Klebstoff gesehen, der die beiden Partner zusammenhält. Besonders erfolgreich waren diese Versuche allerdings nicht. Denn zum einen sind Künstler selten gute Ethnographen. Genaue Beobachtung und wirklichkeitsgetreue Darstellung gelten in der zeitgenössischen Kunst nicht mehr als das, was sie früher einmal waren – nämlich Qualitätsmerkmale. Noch die europäischen und amerikanischen Ethnographen des 20. Jahrhunderts haben sich wahrscheinlich an der zu Recht so genannten »Beschreibungskunst« der niederländischen Meister des 17. Jahrhunderts orientiert. Was Letzteren durch das Übereinanderschichten von Ölfarbe auf Leinwand gelang, erreichten Erstere durch das

Weben und Wirken von Worten zu Texten. Und der Begriff »dichte Beschreibung« (*thick description*) scheint ja selbst auf die Deckkraft der Ölfarbe zu verweisen.[19] In der – nurmehr spekulativen – Kunst der Gegenwart findet eine solche dichte Beschreibung aber wenig Anklang. Ihre Hinwendung zur Ethnographie bringt außerdem zwei Anliegen ins Spiel, die das anthropologische Versprechen der Kunst konterkarieren. Vor über zwanzig Jahren hat der Kunsthistoriker und -kritiker Hal Foster in seinem einflussreichen Artikel »Der Künstler als Ethnograph?« das erste Anliegen als eine Fixierung auf Fremdheit oder *Alterität* und das zweite als die zwanghafte Zurückführung alles thematisch Werdenden auf seinen sozialen, kulturellen und historischen *Kontext* bestimmt.[20]

Anthropologen geben gerne Geschichten über ihre Begegnung mit dem »radikal Anderen« zum Besten. Manche fühlen sich durch den »Ritterschlag« solcher Begegnungen berechtigt, mit einer Autorität über die politische Kraft und das transgressive Potential der Andersartigkeit (*otherness*) zu dozieren, die sie ihren weniger weitgereisten und weniger abenteuerlustigen Kollegen absprechen. Viele Künstler »neiden« den Ethnographen diesen Ritterschlag, den sie nur allzu gerne empfangen würden.[21] Die Fixierung auf Alterität wirft natürlich die Frage auf, wie viel »anders« Menschen sein müssen, damit ihre Fremdheit als »radikal« gelten darf. Schon die Frage aber bringt wieder das altbekannte Kalkül von Gleichheit und Differenz zum Vorschein, das Menschen in Kulturen und Subkulturen einteilt, je nachdem, wie viel oder wie wenig sie ursprünglich gemein haben. Alle sind wir verschieden, einige aber scheinen verschiedener zu sein

19 Tim Ingold, *Being Alive: Essays on Movement, Knowledge and Description*, Abingdon 2011, S. 222. Zur Kunst der Beschreibung vgl. Svetlana Alpers, *The Art of Describing: Dutch Art in the Seventeenth Century*, London 1983.
20 Hal Foster, »The artist as ethnographer?«, in: George E. Marcus/Fred R. Myers (Hrsg.), *The Traffic in Culture: Refiguring Art and Anthropology*, Berkeley (CA) 1995, S. 302–309, hier: S. 305.
21 Ebd.

als andere, und manche sind gar *radikal* anders. An dieser Stelle müssen wir nicht noch einmal auf unsere Kritik an der Logik der kulturellen Übermittlung zurückkommen, die diesem Kalkül zugrunde liegt. Es mag der Hinweis genügen, dass Menschen im anthropologischen Feld der teilnehmenden Beobachtung durch *commoning* in ihrer Pluralität zusammengeführt und nicht durch eine Entgegensetzung ihrer Identitäten aufgespalten werden. Es ist kein Feld des *othering*, sondern des *togethering*, keines der Distanznahme zu Dinstinktionszwecken, sondern eines der sozialen Bindung durch gemeinsame Praxis.

Und tatsächlich kann teilnehmende Beobachtung nur mit der Erkenntnis anheben, dass die anderen nicht deshalb anders sind, weil sie auf der anderen Seite einer Scheidelinie zwischen kulturellen Welten – der unsrigen und der ihrigen – hausen, sondern weil sie unsere Reisegefährten in *ein und derselben* Welt sind. Darin besteht eben die ontologische Festlegung der teilnehmenden Beobachtung. Sie hat sich nicht auf eine Ontologie pluraler Welten festgelegt, sondern auf eine einzige im Werden begriffene Welt der unendlichen Vielfalt. Differenz ist in dieser »weltenden« Welt interstitiell: Sie entsteht von innen heraus, nicht durch das collageartige Aneinanderkleben von Welten, die angeblich radikal voneinander abgeschnitten sind. Die Schizochronie der ethnographischen Einstellung aber, die jede Differenz zur Andersartigkeit verewigt, bleibt nicht im Gespräch mit den anderen, sondern macht sie zu den Surrogaten idealisierter Projektionen ihres anthropologischen oder künstlerischen Ichs. Sie codiert Differenz als manifeste Identität und Andersartigkeit als (wechselseitiges) Ausgeschlossensein. Statt einer Politik der Immanenz förderlich zu sein, an der alle auf Augenhöhe mitwirken, könnte sie deshalb, so warnte Forster, zum Steigbügelhalter einer Politik der Marginalität werden, die andere ausschließt.[22]

22 Ebd., S. 303.

Das hartnäckige Bestreben, andere in einen Kontext zu stellen, verschärft deren Marginalisierung. Wir haben in Kapitel 2 gesehen, dass Kontextualisieren bedeutet, die Kraft ihrer Gegenwart zu neutralisieren, ihre Dissonanz zu überhören und sie für uns ungefährlich zu machen. Sind die anderen erst einmal auf diese Weise verstanden und erklärt, entwaffnet und ad acta gelegt, müssen wir keine weitere Zeit darauf verschwenden, uns ihnen oder dem, was sie zu sagen haben, zuzuwenden. Eine Kontextualisierung bringt Personen oder Dinge nicht auf dem Weg zu sich selbst *voran*, sondern wirft sie darauf zurück, was der Anthropologe Alfred Gell »komplexe Intentionalitäten« genannt hat, die angeblich ihre Motivationen speisen.[23] Als Kunstwerke betrachtet Gell folglich diejenigen Objekte oder Darstellungen, die solche komplexen Intentionalitäten verkörpern oder zum Ausdruck bringen. Um die Intentionalitäten lesen und das Werk als Kunst begreifen zu können, sagt er, »bedarf es der Herstellung und Verbreitung eines Interpretationskontextes«.[24] In diesem Bestreben ziehen Künstler, Kritiker und Kunsthistoriker alle am selben Strang: Erst drücken sie den Dingen – den wichtigen Angelegenheiten – den Stempel ihrer Kreativität oder Expertise auf, und anschließend betrauen sie sich selbst mit der Aufgabe, einer Öffentlichkeit deren Bedeutung zu enthüllen; was sich auf diese Weise auch mit schöner Regelmäßigkeit reproduziert, sind die intellektuellen Minderwertigkeitsgefühle des Publikums gegenüber den Experten. Galerien werden von Orten der Kunstausstellung zu Orten der Kunsterklärung. Wenn Besucher sie wieder verlassen, wissen sie alles, was es über die Kunstwerke zu wissen gibt: Sie wissen, wie und warum sie geschaffen wurden, von wem und wann, in welchem kulturellen Umfeld und als Teil wel-

23 Alfred Gell, »Vogel's net: traps as artworks and artworks as traps«, in: *Journal of Material Culture* 1, 1 (1996), S. 15–38, hier: S. 37.
24 Ebd., S. 36.

cher historischen Bewegung, doch *als Kunst* haben sie die Werke, deren Anwesenheit fast keine Rolle mehr spielt, überhaupt nicht erfahren.

Gells Vorschlag für ein Bündnis zwischen Kunst und Anthropologie stellt das Gefälle der Interpretationsmacht keinen Moment in Frage. Er zementiert es. Sein Vorschlag läuft darauf hinaus, dass sich Anthropologen Künstlern, Kritikern und Kunsthistorikern anschließen, damit eine breitere Palette von Dingen – aus den Völkern der ganzen Welt zusammengetragen – in das Reservat der Kunst Einzug halten kann. Um den notwendigen Interpretationskontext herzustellen, sollen sie ihr ethnographisches Fachwissen zur Verfügung stellen. So trendig dieser Vorstoß daherkommt, so reaktionär und selbstgefällig ist er doch in Wirklichkeit. Denn was Geschichtswissenschaft und Kritik dem Kunstwerk antun, das tut die Ethnographie der Anthropologie an: Sie macht sie mundtot. Das Versprechen der Anthropologie aber besteht ja, ganz im Gegenteil, darin, die anderen ins Leben zu führen, sie ins Feld unserer Aufmerksamkeit zu rücken, damit wir mit ihnen korrespondieren können. Ein Kunstwerk kann anthropologisch sein, wenn es dieses Versprechen erfüllt: wenn es hilft, die Dinge in die Fülle ihrer Gegenwart zu holen, sie »auf den Tisch« zu legen, sie von ihrer Bestimmtheit durch Absichten und Ziele zu befreien. Kunst, die anthropologisch ist, lässt die Dinge *sie selbst sein*.

In seinem Essay *Punkt und Linie zur Fläche* sagt der Pionier der modernen abstrakten Malerei, Wassily Kandinsky, nichts anderes über die Elemente eines Kunstwerks. Jedes Element, so schreibt er, kann äußerlich oder innerlich erfahren werden. Äußerlich erfüllt es einfach seine Funktion im Rahmen der Konventionen eines Notationssystems, so wie zum Beispiel der Punkt das Satzende markiert. Solange wir auf dieser banalen Ebene bleiben, haben wir keinen Sinn für den Punkt als eigenständige Gestalt. Von dem in seinen Verwendungszusammenhang eingeschnürten Punkt nehmen wir kaum Notiz. Wenn wir den Punkt aber aus dem Satz herauslösen und seine Masse vergrößern, wird er für uns sichtbar als ein Punkt, dessen Kräfte gerade aus den Tiefen seines Seins hervorbrechen, um ihre Energie freizusetzen. »Kurz«, schreibt Kandinsky, »der tote Punkt wird zum lebendigen Wesen«.[25] Den Punkt innerlich wahrnehmen heißt, seine Sprengkraft zu spüren. Diese ihr eigene Haptikalität ist es, die Kandinskys – aus prägenden Erfahrungen mit dem Animismus und den schamanischen Praktiken finno-ugrischer und sibirischer Völker hervorgegangene – Kunst auf so intuitive Weise anthropologisch sein lässt.[26]

Die weicher werdende Wissenschaft

Kehren wir zu dem dreistufigen Modell zurück, durch das man die Anthropologie gerne von der Ethnographie abgrenzt.[27] Hinter diesem insbesondere von A.R. Radcliffe-Brown inaugurierten Modell steckte ursprüngliche eine ganz andere Ambition. Die Gründer der Sozialanthropologie wollten das Fach nun gerade nicht in eine Nähe zur Kunst rücken, sie wollten es vielmehr als Wissenschaft, und zwar tatsächlich als eine »Naturwissenschaft der Gesellschaft«, begründen.[28] Nach Ansicht Radcliffe-Browns und seiner Schüler ist die Ethnologie »ideographisch«, weil sie auf das Sammeln empirischer Einzelheiten ausgerichtet ist, während die Anthropologie, die sich der vergleichenden

25 Wassily Kandinsky, *Punkt und Linie zur Fläche. Beitrag zur Analyse der malerischen Elemente*, Zürich 2016 [1926], S. 23.

26 Zum Einfluss des sibirischen Animismus und Schamanismus auf Kandinskys Kunst vgl. Peg Weiss, *Kandinsky and Old Russia: The Artist as Ethnographer and Shaman*, New Haven (CT) 1995.

27 Philippe Descola nennt »Beschreiben, Verstehen, Erklären« die »klassischen drei Stadien der anthropologischen Forschung«, obwohl er hinzufügt, dass diese drei Operationen in der Praxis »meist ineinandergreifen«. Philippe Descola, »On anthropological knowledge«, in: *Social Anthropology* 13, 1 (2005), S. 65–73, hier: S. 72.

28 Alfred R. Radcliffe-Brown, *A Natural Science of Society*, New York 1957.

Verallgemeinerung und der Suche nach gesetzesförmigen Regelmäßigkeiten im menschlichen Beziehungsverhalten widmet, »nomothetisch« ist.[29] Zwischen der ersten Phase des Sammelns und der letzten Phase des Vergleichens werden in der zweiten Phase des Analysierens die Materialien ersterer zu vergleichbaren Fällen für letztere verarbeitet. In der Praxis hat dieses Modell dazu geführt, den Unterschied zwischen Ethnographie und Anthropologie als einen zwischen empirischer und theoretischer Forschung auszulegen. Und bis heute hat das Wort »Anthropologie« für viele einen theoretischen Beiklang. Im Gegensatz zur hemdsärmeligen Feldforschung erscheint sie uns als das, worin ältere Wissenschaftler schwelgen dürfen, wenn sie sich erst einmal in den sicheren vier Wänden ihres Arbeitszimmers zur Ruhe gesetzt haben. Ich habe dagegen gehalten, dass die Anthropologie alles andere als gemütlich und gerade nicht das letzte, sondern vielmehr das erste Glied in der Kette ist. Sie ist meines Erachtens nämlich das, was wir beim teilnehmenden Beobachten im Feld tun, weil die teilnehmende Beobachtung gerade *keine* Technik des Datensammelns ist – wenigstens nicht in dem Sinne, wie Daten unter der Ägide der Normalwissenschaft definiert werden. Die Anthropologie ist eine Erziehungspraxis und ein Forschungsprozess, die eher im Feld als an der Universität stattfinden. Ist sie deshalb als Wissenschaft zum Scheitern verurteilt?

Die Antwort hängt natürlich davon ab, was wir unter Daten verstehen. Im wörtlichen Sinne ist ein Datum das, was gegeben ist. In seinem Buch mit dem vielsagenden Titel *Art, Anthropology and the Gift* stellt Roger Sansi fest, dass das Phänomen des Gebens und Empfangens für die Anthropologie – wie auch für die Kunst – immer schon von zentraler Bedeutung gewesen ist, nicht nur wegen seiner Allgegenwart in zwischenmenschlichen Beziehungen, sondern auch weil

29 Alfred R. Radcliffe-Brown, *Structure and Function in Primitive Society*, London 1952, S. 3.

es einen integralen Bestandteil der feldforschenden Praxis bildet.[30] Darin besteht die maßgebliche Großzügigkeit des Fachs, auf die ich schon hingewiesen habe. Diese Großzügigkeit aber passt nicht ohne Weiteres zu den Prinzipien der Normalwissenschaft, die von uns verlangen, im Namen der Objektivität alle persönlichen Beziehungen zu unseren Studienobjekten aufzukündigen und uns von ihren Lebensumständen nicht weiter beeindrucken oder beunruhigen zu lassen. Diesen Prinzipien zufolge schulden wir ihnen nichts, im Gegenzug haben auch sie uns nichts anzubieten. Ja schon das Eingeständnis des Wissenschaftlers, er stünde mit den Dingen, die ihn beschäftigen, in einer Beziehung des Gebens und Nehmens, wäre Grund genug, seine Untersuchung und alle gegebenenfalls aus ihr resultierenden Erkenntnisse zu disqualifizieren. Was die Wissenschaft als Daten begreift, darf sie keinesfalls als Gabe oder Angebot interpretieren. Die Wissenschaftler empfangen beim Sammeln also nichts, was ihnen gegeben wird, sondern nehmen sich durch Betrugs- und Täuschungsmanöver, die in das Design der von ihnen so genannten »Experimente« eingebaut sind, das, was sie nicht angeboten bekommen.

Das wissenschaftliche Experiment erscheint in diesem Zusammenhang als willentlich auferlegte Prüfung, als ein das Tun unterbrechendes Erleben-Erleiden und nicht als eine Erfahrung, die vollzogen und erlebt wird, so wie beim »Tun des Erleben-Erleidens«; es ist, mit anderen Worten, nicht nach dem Prinzip der Gewohnheit, sondern nach dem des Willens entworfen. Wir haben schon gesehen, dass selbst Anthropologen dazu neigen, ihre Feldforschung retrospektiv wie ein verlängertes Experiment der genannten Art zu verstehen: Der ethnologischen Selbstdeutung zufolge haben sie sich dem Experiment ausgesetzt, um ihre »Informanden« auszuhorchen, während sie ihnen doch andererseits vorspiegelten, etwas von ihnen lernen zu wollen. Diesen Preis muss

30 Roger Sansi, *Art, Anthropology and the Gift*, London 2015, S. 143.

die Anthropologie also offenbar zahlen, wenn sie sich als Naturwissenschaft der Gesellschaft zu verkaufen versucht. Dabei sieht sie sich unweigerlich dem Einwand ausgesetzt, dass ihre Methoden kompromittiert sind und die unvermeidliche Verstrickung des Feldforschers in das Leben der Beforschten ihren Objektivitätsanspruch grundsätzlich zunichte macht. Denn welche Funktion sollte die Methodologie haben, wenn nicht die, den Forscher vor Infektionen durch den direkten Kontakt mit anderen zu schützen? Indem sie im Rahmen einer prozeduralen Logik Arbeitsweisen entwirft, die sich der menschlichen Sensibilität und Erfahrung bewusst entziehen, fasst sie die Anwesenheit des Beobachters im Forschungsfeld nicht als eine wesentliche Bedingung für die Möglichkeit seines innerweltlichen Lernens, sondern als eine um jeden Preis zu beseitigende Quelle der Befangenheit auf. Jede Wissenschaft, die diese Bedingung nicht erfüllt, wird – normalerweise abfällig – als »weich« qualifiziert, und die Anthropologie ist nach diesen Maßstäben windelweich!

Wenn harte Wissenschaft auf irgendetwas in der Welt trifft, so tut sie es mit Wucht. Sie kann den Dingen einen Schlag versetzen oder die Dinge gleich ganz zerstören. Jeder Schlag ist ein Faktum oder Datum; hat man ausreichend Daten akkumuliert, kann das zu einem Durchbruch führen. Die Oberfläche ist dann unter der Wucht andauernder Schläge eingebrochen und hat einige ihrer Geheimnisse preisgegeben. Weiche Wissenschaft hingegen beugt und verformt sich, wenn sie auf andere Dinge trifft; dabei nimmt sie deren Eigenschaften teilweise auf, während die Dinge wiederum nach Maßgabe ihrer eigenen Neigungen und Dispositionen dem Druck der Wissenschaft nachgeben. Sie reagiert auf die Dinge, und die Dinge reagieren auf sie. Mit Personen oder Dingen in eine Beziehung der Korrespondenz zu treten steht also in krassem Gegensatz zur Anwendung einer starren Methodologie. Durch Korrespondenz wird gerade kein undurchdringlicher Schild geschmiedet, mit dem sich der Forscher gegen das Leiden derjenigen wappnet, die seiner gnadenlosen

Taktik ausgeliefert sind; sie ist eine – dem Handwerk – verwandte Arbeitsweise, die die Welt für unsere Wahrnehmung vorbereitet, die uns zeigt, was in der Welt geschieht, damit wir darauf reagieren können. Sie ist nicht von Gewalt oder Täuschungsabsichten getrieben, sondern von Hoffnung: der Hoffnung, dass sich die Wesen und Dinge, mit denen wir zu tun haben, durch die Aufmerksamkeit, die wir ihnen schenken, auch uns zuwenden und auf unsere Angebote eingehen.

Durch teilnehmende Beobachtung werden Anthropologen, wie wir gesehen haben, zu Korrespondenten. Sie nehmen etwas von der Art, wie sich ihre Gastgeber bewegen, wie sie fühlen und denken, von ihren praktischen Fähigkeiten und Wahrnehmungsweisen in sich auf. Korrespondenz ist ein Liebesdienst: Wir geben den menschlichen und nichtmenschlichen Lebewesen, mit denen wir uns die Welt teilen, zurück, was wir ihnen für unsere eigene Existenz schuldig sind. Wenn die Anthropologie also eine Wissenschaft ist, dann ist sie eine *Wissenschaft der Korrespondenz*. Vor zweihundert Jahren schwebte Johann Wolfgang von Goethe genau das vor: eine Wissenschaft, die von ihren Adepten fordert, dass sie mit den Gegenständen ihrer Aufmerksamkeit Zeit verbringen und mit allen Sinnen genau wahrnehmen; dass sie das Beobachtete zeichnen und versuchen sollen, in Wahrnehmung und Handlung ein solches Maß an wechselseitiger Durchdringung zu erreichen, dass Beobachter und Beobachtetes gleichermaßen ununterscheidbar werden.[31] Aus diesem Kraftfeld der wechselseitigen Durchdringung erwächst nach Goethes Vorstellung alles Wissen. Die Parallelen zu den Bedingungen, die eine so viel jüngere Anthropologie an die teilnehmende Beobachtung stellt, sind verblüffend. Schon im 18. Jahrhundert verlangte Goethe von den Wissenschaftlern, mit Tieren und

31 Eine ausgezeichnete Zusammenfassung von Goethes Wissenschaftsbild findet sich in: Craig Holdrege, »Doing Goethean science«, in: *Janus Head* 8 (2005), S. 27–52.

Pflanzen so umzugehen, wie wir heute gehalten sind, die Menschen, mit denen wir arbeiten, zu behandeln – nämlich Zeit mit ihnen zu verbringen, an ihren täglichen Verrichtungen teilzuhaben und all das genau wahrzunehmen und zu erfassen. Doch der Umgang, den der wissenschaftlich-technische Mainstream heutzutage mit der sich selbst als »goetheanistisch« bezeichnenden Wissenschaft pflegt, ist durchaus vielsagend. Ihr wird normalerweise mit einer an Verachtung grenzenden Gleichgültigkeit begegnet, über ihre Anhänger macht man sich lustig, und wissenschaftliche Publikationen aus dieser Richtung werden in aller Regel abgelehnt. Methodologie, nicht Korrespondenz ist heute das Gebot der Stunde.

Doch so ist es durchaus nicht immer gewesen. Zu früheren Zeiten war die Wissenschaft nicht im Mindesten so polarisiert wie heute: Sie ist in den vergangenen Jahrzehnten sehr viel »härter« geworden. Wir werden im Folgenden noch sehen, dass diese Entwicklung eindeutig mit der Kommerzialisierung der globalen Wissensökonomie zusammenhängt, die es erforderlich macht, die Früchte wissenschaftlicher Arbeit vom An- und Abschwellen der Lebensströme und deren wechselseitiger Durchdringung abzuschneiden. Die Methodologie ist es, die diesen Schnitt setzt: und je härter eine Wissenschaft, desto strenger ihre Methodologie. Der unablässige Wettbewerb um »Innovation« und »Exzellenz« hat zu einem methodologischen Aufrüstungswettlauf geführt, der die Wissenschaftler den Phänomenen, die sie zu erforschen vorgeben, immer weiter entfremdet und sie mehr und mehr in ihre selbstgeschaffenen virtuellen Welten einsperrt. Doch so prekär die Beziehung zum Realen auch sein mag, vollkommen zerstören lässt sie sich nicht. Schließlich ist Wissenschaft auf Beobachtung angewiesen, und was wäre Beobachtung, wenn sie sich nicht aufmerksam auf jene Aspekte der Welt einließe, mit denen sie in Verbindung steht? Wenn wir die Beobachtung nun darauf verpflichten, sich eher an die Praktiken als an die

Protokolle der Wissenschaft zu halten, dann möchten wir die Wahrnehmung für ebenjene experimentellen und performativen Verflechtungen schärfen, die die Methodologie so sorgfältig zu verbergen versucht. Denn in ihrer Praxis sind schließlich auch Wissenschaftler Bewohner der *undercommons*, eingelassen in eine haptische Welt, hellhörig für die leisesten Regungen ihrer Umgebungen. In einer Vorlesung, in der er seine Entdeckung der Struktur des Benzol-Moleküls rekapitulierte, gab der Chemiker Friedrich August Kekulé allen jungen Wissenschaftlern folgenden Ratschlag: »Achten Sie auf jeden Fußabdruck, auf jeden abgeknickten Zweig, auf jedes abgefallene Blatt«. Dann, so sagte er ihnen, würden sie erkennen, wohin sie ihren Fuß als nächstes zu setzen hätten. Für Kekulé war die Wissenschaft eine Form des Wanderns oder »Pfadfindens«.[32]

Insofern er mit den Dingen im Prozess ihrer Entstehung korrespondiert und nicht nur deren verfestigte Gestalt zur Kenntnis nimmt, sammelt und *akzeptiert* der Pfadfinder, was die Welt anzubieten hat. In diesem bescheidenen Bekenntnis kann sich, so meine ich, die wissenschaftliche Forschung mit der künstlerischen Sensibilität berühren, nämlich als Form eines im Sein wohnenden Wissens, nicht aber in der anmaßenden Vorstellung, ein Monopol auf die Repräsentation der gegebenen Welt zu besitzen.[33] Wie Künstler und Handwerker stellen auch Wissenschaftler beim Arbeiten ihren gesamten Wahrnehmungsapparat auf die Materialien ein, die ihre Aufmerksamkeit fesseln, und mit den Veränderungen des Materials ändern sich auch die Erfahrungen, die aus der Arbeit mit diesem erwachsen. Natürlich unterscheidet man Wissenschaftler – genau wie

32 Kekulé, zitiert nach O. Theodore Benfey, »August Kekulé and the birth of the structural theory of organic chemistry in 1858«, in: *Journal of Chemical Education* 35 (1958), S. 21–23, hier: S. 23.

33 Tim Ingold, »Dreaming of dragons: on the imagination of real life«, in: *Journal of the Royal Anthropological Institute* (N. S.) 19 (2013c), S. 734–752, hier: S. 747.

Anthropologen, Künstler oder Menschen allgemein – in der Praxis nach ihrer besonderen Art von Erfahrung und den spezifischen Fähigkeiten, die sich daraus entwickeln, nicht durch eine territoriale Abgrenzung ihrer Forschungsfelder. Wissenschaft, die zur Kunst wird, ist eine persönliche und emotionale Angelegenheit; Phantasie und Erfahrung sind die Quellen ihrer Weisheit, und ihre mannigfaltigen Stimmen gehören all den Menschen, die sie praktizieren, keiner transzendenten Autorität, der sie lediglich als Sprachrohr dienen. Und wo sich, wie in der anthropologischen Praxis, wissenschaftliches Pfadfinden mit der Kunst des Feldforschens verbindet, da geht das Hineinwachsen in ein Weltwissen immer auch mit einem vertieften Wissen über das eigene Selbst einher.

Immer weiter suchen[34]

Ich habe zu zeigen versucht, dass Wissenschaft das Potential hat, eine forschende Kunst zu sein, und Kunst gleichermaßen eine wissenschaftliche Praxis werden kann. Worin sich Wissenschaft und Kunst treffen, ist die *Wahrheitssuche*. Mit »Wahrheit« meine ich nicht Fakten im Gegensatz zu Phantasie, sondern den Einklang von Erfahrung und Einbildungskraft in einer Welt, für die wir alle lebendig sind und die für uns lebendig ist. Es wäre ein großer Fehler, die Wahrheitssuche mit einer Suche nach Objektivität zu verwechseln. Denn während letztere uns vorschreibt, alle Bindungen an die Welt zu lösen, fordert uns erstere zu uneingeschränkter und unbedingter Teilnahme auf. Sie heißt uns anerkennen, was wir der Welt für unsere eigene Existenz und Bildung als Lebewesen schuldig sind und was die Welt uns schuldet.

34 In diesem Abschnitt beziehe ich mich auf Antworten, die ich Judith Winter in einem Gespräch gegeben habe. Vgl. Tim Ingold/Judith Winter, »Pursuing truth«, in: *Archis* 48 (2016), S. 43–48.

Forschung, so meine ich, ist eine Art und Weise, diese Beziehung der gegenseitigen Verpflichtung aufrechtzuerhalten. Als solche setzt sie sowohl Neugier als auch Fürsorge voraus. Wir sind neugierig, ob es den Menschen, die wir kennen und lieben, gut geht, und wir lassen keine Gelegenheit aus, sie danach zu fragen – weil wir uns um sie sorgen. Sollte nicht dasselbe für unsere Umwelt gelten? Wir sind neugierig, *weil* wir uns um sie sorgen. Wir sorgen uns um die Erde und all ihre – menschlichen und nichtmenschlichen – Bewohner. Wir sorgen uns um die Vergangenheit, weil wir durch sie mehr über uns selbst und über unsere Herkunft erfahren. Und wir sorgen uns um die Zukunft, weil wir nachfolgenden Generationen eine bewohnbare Welt hinterlassen wollen. Neugier und Fürsorge sind also zwei Seiten ein und derselben Medaille. Diese Medaille ist die Wahrheit. Forschung ist folglich nichts anderes als *Wahrheitssuche mittels der Praktiken von Neugier und Fürsorge*.

Was ein Wissenschaftler unter Wahrheit versteht, hängt zugegebenermaßen von seiner Lehrmeinung oder Philosophie ab. Die Wahrheit des Physikers ist vielleicht nicht die des Theologen, Anthropologen oder Musikers. In ihrer *Suche* nach der Wahrheit aber unterscheiden sie sich nicht. Dabei geht es darum, die Dinge richtig zu erfassen: empirisch, intellektuell, ethisch und ästhetisch. Sich auf Wahrheitssuche zu begeben ist nicht dasselbe, wie ein Labyrinth zu betreten oder auf Schatzsuche zu gehen, wo das Objekt der Begierde längst bereitliegt, auch wenn wir es noch nicht gefunden haben. Die Wahrheit hingegen ist ein Anspruch: Sie ist das, wonach wir greifen und uns sehnen, was sich unserem Zugriff aber unablässig entzieht. Je näher wir ihr kommen, desto weiter zieht sie sich vom Horizont der Begrifflichkeit zurück. Die Wahrheitssuche wird also nicht zu definitiven Antworten führen und hat auch gar nicht diese Absicht. Ihr Bestreben ist vielmehr, alle Vorurteile und Vorannahmen zur Disposition und jede Gewissheit in Frage zu stellen. Sie glauben, die Antwort schon gefunden zu haben? Ganz gewiss haben Sie es nicht. Suchen Sie weiter und immer weiter! Das *bedeutet* »Forschung« im Sinne der *Re-cherche* bzw. des *re-search* wörtlich: Ohne jede Aussicht darauf, irgendwann einmal irgendetwas vollständig ausleuchten zu können, operiert Forschung unermüdlich im Modus des Minoritären, im Schlagschatten der Aufklärung. Intensive und konzentrierte Forschung hat, wie sich der Bildungsphilosoph Tyson Lewis ausdrückt, eine teuflische Qualität: »Ohne klare Richtung, ohne eindeutige Methodologie, ohne ein Ziel vor Augen stolpern wir umher auf der Suche nach neuen Indizien«.[35] Wissenschaftler sind ängstliche Wesen! Doch sie sind auch voller Hoffnung, denn in ihrem nomadischen Auftrag geduldigen Experimentierens verwandelt Forschung jeden Beschluss in eine Eröffnung, jeden vermeintlichen Endpunkt in einen Neubeginn. Sie ist ein Garant dafür, dass das Leben weitergehen kann, ein Garant für seinen Fortbestand. Forschung ist somit eines der wichtigsten Gebote für die Lebenden.

Doch jede Generation muss früher oder später der nächsten weichen. Während sich die Leben überschneiden, ist der Fortbestand des Lebens, wie Dewey erkannte, davon abhängig, dass jede Generation dazu beiträgt, die Entwicklungschancen der nachfolgenden zu garantieren. Aus diesem Grund kann es kein forschendes Suchen ohne Lehre geben. Alles Lernen, so lehrt Rancière, ist ein Suchen, und alles Suchen findet unter den stets wachsamen Augen eines Lehrers oder Lehrmeisters statt. »Lehrmeister«, sagt Rancière, »ist derjenige, der den Sucher auf *seinem* Weg bleiben lässt, auf dem er alleine sucht und nicht aufhört zu suchen«.[36] Lehren und Forschen im Sinne der *Re-cherche* sind also zwei Erziehungspraktiken, und beide sind, nach Deweys Über-

35 Tyson E. Lewis, »Rethinking the learning society: Giorgio Agamben on studying, stupidity, and impotence«, in: *Studies in Philosophy and Education* 30 (2011), S. 585–599, hier: S. 592.

36 Jacques Rancière, *Der unwissende Lehrmeister. Fünf Lektionen über die intellektuelle Emanzipation*, Wien 2018 [1987], S. 46.

zeugung, ebenso unauflöslich miteinander verflochten wie ältere und jüngere Generationen in ihrem sich gegenseitig Bilden. Lehren ist die Gabe, die die ältere Generation der jüngeren anbietet – eine Gabe, die sie gar nicht besitzt –, und zwar als aufgeschobene Gegenleistung für die Gabe, die sie wiederum von der Generation *vor ihr* empfangen hat. So werden Leben und Wissen weitergegeben. Deshalb lässt sich Forschung als die Produktion von Wissen auch nicht in einen *Gegensatz* zur Lehre als der Verbreitung von Wissen bringen. Diese Entgegensetzung entstammt dem Diskurs der Explikation. In diesem Diskurs kommt zuerst die Forschung, und nur ihre fertigen Produkte, die Ergebnisse, werden vom Lehrer weitergegeben. Die wissenschaftliche Lehre wird hier als unwesentlicher Appendix der Forschung betrachtet, den Forscher selbst oft als lästige Pflicht und Ablenkung von ihren eigentlichen Aufgaben wahrnehmen. »Meine Lehrverpflichtung«, so beklagt sich der frustrierte Wissenschaftler, »lässt mir keine Zeit für meine Forschungen!« Die Erkenntnis, dass Forschung etwas ist, was Lehrende und Lernende gemeinsam tun, offenbart die Unsinnigkeit solcher Klagen. Denn Forschung geht der Lehre nicht voraus wie die Produktion der Verteilung. Sie wallt unter den Blicken der Lehre auf, um selbst dieser Blick zu werden; so ermöglicht sie es einer neuen Generation, unter ihrer Wacht einen Neuanfang zu machen. Wenn wir – gerne und aus gutem Grund – sagen, unsere Lehre sei »forschungsgetrieben«, heißt das nicht, unsere Studenten empfingen ihr Wissen aus erster statt aus zweiter Hand. Vielmehr heißt es, dass Lehrer und Schüler gemeinsam, wie Reisegefährten oder Wegbegleiter, in ein Milieu – in einen »zweiten Fluss«, um mit Serres zu sprechen, – eintauchen, das sich der Wahrheitssuche verschrieben hat.

In der schwierigen Lage, in der wir uns gegenwärtig weltweit befinden, mag es hoffnungslos naiv oder nostalgisch anmuten, Forschung als eine auf Neugier und Fürsorge gründende Wahrheitssuche zu idealisieren. »Bleiben Sie auf dem Boden der Tatsachen!«, sagen Sie mir. »Wenn Sie die Welt für kommende Generationen verbessern möchten, versuchen Sie es ruhig! Sie werden allerdings Fördermittel auftreiben, Ergebnisse vorweisen und sicherstellen müssen, dass diese Ergebnisse besser sind als die ihrer Konkurrenten«. Kurz gesagt: Wenn Sie erfolgreich forschen wollen, müssen Sie ein Spiel spielen, dessen Regeln und Erfolgsprämien von Regierungen und Konzernen festgelegt werden, die sich längst im Griff einer unerbittlichen Globalisierungslogik befinden. Diese Logik hat die Bedeutung des Wortes »Forschung« bis zur Unkenntlichkeit entstellt. Sie hat nicht mehr viel mit jener kritischen Gelehrsamkeit zu tun, die früher einmal »Wissenschaft« (*scholarship*) genannt wurde. Wissenschaft im Sinne der Gelehrsamkeit wurde zu den akademischen Akten gelegt, weil sie heute als mehr oder weniger nutzlos gilt, dem Steuerzahler angeblich nur auf der Tasche liegt und man sowieso davon ausgeht, dass sie binnen kürzester Zeit in Vergessenheit gerät. Echte Forschung, so klärt man uns auf, produziert Wissen, und der Wert dieses Wissens bemisst sich eher an seiner Neuigkeit als an einem Wahrheitsanspruch. Für die Erhebung großer *Daten*mengen und deren informationelle Verarbeitung zu »Ergebnissen«, die – in ihrer Anwendung – »wirkmächtig« sein könnten, gibt es die meisten Fördergelder. Die neoliberale Wissensökonomie setzt auf Wandel und Innovation, denn in einer Situation, in der sich die Ressourcen der Erde erschöpfen und die Konkurrenz um schrumpfende Gewinne immer gnadenloser wird, verkauft sich nur, was neu ist. »Exzellente Forschung«, so heißt es in der makabren Sprache des Konzernkapitalismus, »ist ein Innovationsmotor«.

Ein Großteil der universitären Forschung ist sicher nicht unmittelbar auf Anwendbarkeit ausgerichtet. Von einer solchen Forschung sagt man, sie sei »neugiergetrieben« oder »zweckfrei«. Mit dem Verweis auf eine Reihe von Entdeckungen, die lange Zeit ungenutzt blieben, ohne die unser Alltag heute aber undenkbar wäre, haben Wissenschaftler immer wieder lautstark um ihr Recht auf eine solche – gegebenenfalls mit beträchtlichen öffentlichen Kosten verbundene – zweckfreie Forschung gekämpft. Der akademische Betrieb unserer Tage aber hat Neugier von jeder Fürsorge und Freiheit von Verantwortung gelöst. Als Nettoimporteur von Dienstleistungen erwirtschaftet die Universität ihr Einkommen durch den Export von Wissen; wie es verwendet werden soll – zum Bau von Bomben, zur Heilung von Krankheiten oder zum Manipulieren von Märkten –, überlässt man allerdings den Käufern. Was schert es die Wissenschaftler? Diese unter Vertretern der sogenannten MINT-Fächer (Mathematik, Informatik, Naturwissenschaft und Technik) verbreitete Einstellung entlarvt den vornehmen Appell an die Freiheit der Forschung letztlich als eine Taktik, um die eigene Kapitulation vor dem Marktmodell der Wissensproduktion zu vertuschen. Der Appell dient nur dem Schutz der eigenen partikularen Interessen, und es sind immer ausschließlicher die einer globalen Wissenschaftselite. Im geheimen Einverständnis mit den Konzernen, denen sie zu Diensten ist, betrachtet diese Elite den Rest der Welt – einschließlich der übergroßen Mehrheit ihrer zunehmend verarmten und scheinbar disponiblen menschlichen Bevölkerung – im Grunde genommen als stille Reserve für den Datennachschub, von dem sich die unersättliche Wissensökonomie nährt.

In der seltsamen Sprache der Forschungspolitik wird eine Forschung, die nicht »zweckfrei« ist, entweder »praxisgeleitet« oder »problemorientiert« genannt. Ist sie »praxisgeleitet«, soll sie neue Dinge schaffen, etwa Kunstwerke, Architektur oder Design, und gilt dann als kreativ. Ist sie »problemorientiert«, soll sie aus vorhandenem Wissen Verfahren zur Lösung von Problemen ableiten und gilt dann als angewandt. Nun könnte man sich einerseits fragen, welche Forschung denn in ihrer Anwendung nicht praktisch ist; oder welche wissenschaftlichen Bemühungen eigentlich nicht kreativ sind. Andererseits könnte man sich über die Vorstellung wundern, dass es Probleme geben soll, die schon ihre eigenen Lösungen beinhalten. In Kapitel 3 haben wir ja gesehen, dass sich echte Probleme nie auflösen lassen; immer bleibt etwas von ihnen zurück, übersteigt die Lösung. Und in diesem Überschuss, nicht in der Neuartigkeit der Artefakte oder Antworten, die hier und da abgesondert werden, steckt die wahre Kreativität der Forschung. In ihrer Wahrheitssuche geht es der Forschung ebenso sehr um die Entdeckung praxis*immanenter* Fragen wie um die Beantwortung dieser Fragen *durch* die Praxis, wobei sich Ersteres eben nie von Letzterem eindämmen lässt. *Echte* Forschung ist also nicht in dem Sinne praxisgeleitet oder problemorientiert, dass die Praxis oder das Problem gewissermaßen der Initialzünder wären, aus dem alles Weitere folgt. Wie Henne und Ei erzeugen sich Praktiken und Probleme wechselseitig – nämlich im Lernprozess der Lebensführung. Und da am Ende »Fürsorge und nicht Wirkmächtigkeit das Qualitätsmerkmal einer ethisch verantwortlichen Wahrheitssuche«[37] ist, lassen sich in diesem Prozess natürlich auch Neugier und Fürsorge nicht auseinanderdividieren.

Antidisziplinäre Interdisziplinarität

Der Philosophie Immanuel Kants verdanken wir die Idee, dass wissenschaftliche Arbeit die Aufgabe hat, die Sinneseindrücke in all ihrer Fülle und Komplexität den richtigen Abteilungen des Verstandes zuzuordnen, um deren wechselseitige Beziehungen, Verbindungen und Anordnungen zu erhellen. Jede Fachdisziplin wird, dieser Auffassung zufolge, als ein bestimmtes Territorium begriffen, das sich auf der inneren Landkarte des Verstandes gerade so eingezeichnet

37 Der Satz stammt aus dem Manifest zur »Rückeroberung unserer Universität«: RoU, *Reclaiming our University: The Manifesto*, 2016, §19. https://reclaimingouruniversity.files. wordpress.com/2016/10/reclaiming-manifestofinal.pdf.

findet, wie die Phänomene, mit denen sie sich befasst, auf der äußeren Landkarte der Welt verzeichnet sind. Was aber würde geschehen, wenn wir den Begriff der Fachdisziplin auf ähnliche Weise hinterfragten, wie wir die Praktiken der Kunst und der Wissenschaft auf den Prüfstand gestellt haben, und uns den Praktizierenden einer Fachwissenschaft nicht als jemanden vorstellten, der *gegen* Hindernisse und Widerstände kämpft, die ihm die Objekte in den Weg legen bzw. entgegensetzen, und auf einen Durchbruch hofft, sondern als jemanden, der *mit* den Dingen arbeitet, ihre innere Feinstruktur kennt und sie seinem Forschungszweck gefügig macht? Wie wäre es, wenn wir uns die Gelehrsamkeit nicht als harte, sondern als weiche Wissenschaft dächten – als einen fortwährenden Prozess der interstitiellen Differenzierung? Die Gesamtheit des Wissens würde uns dann nicht wie ein in territoriale Disziplinen aufgeteilter Kontinent erscheinen, sondern wie ein verschlungenes Netz fortlaufender Wege oder *Linien des Interesses*.

Jeder Wissenschaftler, so lehrte Kekulé, ist ein Pfadfinder, der improvisierend seine Linie findet, während er allen möglichen Spuren, Bruchstücken von Indizien, Intuitionen und Vermutungen nachgeht, die seinen Weg kreuzen. Wege können sich vereinen, so dass sich der Wissenschaftler vielleicht plötzlich auf ausgetretenen Pfaden wiederfindet, in Gesellschaft derer, die nie von ihnen abgekommen sind. Ebenso gut kann seine Linie wieder eine andere Richtung einschlagen, ihn in bislang unerforschtes Dickicht führen oder mit neuen Linien konvergieren. Der Pfad des Wissenschaftlers aber bleibt ein kontinuierlicher. Egal, welche Drehungen und Wendungen er nimmt, mit welchen anderen Wegen er konvergiert oder divergiert, überschreitet er doch keine territorialen Grenzen. In der Praxis ist jede wissenschaftliche Disziplin eine mehr oder weniger vorübergehende Übereinstimmung: Sie ist kein abgezirkeltes Terrain, sondern ein Gespinst von Interessenlinien, die eine Reihe praktizierender Wissenschaftler gesponnen hat.

Und da sich das Spinnrad jedes einzelnen Wissenschaftlers immer weiterdreht, ist die wissenschaftliche Disziplin sowohl prozessual als auch ergebnisoffen. Wenn Fachgebiete unfruchtbar werden, lösen sie sich in gewissem Sinne auf, weil die sie verbindenden Linien in andere Richtungen driften, nur um auf andere Linien zuzulaufen und sich mit diesen zu verknüpfen. Das gesamte Gewirr der Linien, die sich hier verwickeln und dort wieder zerfasern, ist nichts anderes als die große Tapisserie des Wissens, an der die gelehrte Menschheit auf ewig webt.

Und doch ist heute viel von Interdisziplinarität die Rede. Bislang seien die Forscher in die goldenen Käfige ihrer Wissenschaften eingesperrt gewesen, so wird gesagt: Sie müssten mehr rauskommen. Das ist zweifellos ein richtiger Ansatz. Was mich an der »Interdisziplinarität« allerdings misstrauisch macht, ist die Vorsilbe »inter«. Denn an diesem grundsätzlich richtigen Bemühen betont sie allzu sehr das »Dazwischen«, so als wären die wissenschaftlichen Disziplinen isolierte Areale, die sich nur durch eine Art von Überbrückung miteinander verbinden ließen. Eine solche Operation ist entzeitlichend, denn sie folgt nicht den Wegen des Wissens, die zusammengenommen das Fachgebiet bilden, sondern durchtrennt sie, schiebt ihnen in gewissem Sinne einen Riegel vor. Auf dieselbe Weise unterbricht auch das Konzept der *Inter*aktion die Pfade des menschlichen Bewegens und Werdens und das der *Inter*nationalität die Geschichten der Nationen. Jedenfalls trägt das »*inter-*«, die Fokussierung auf das Dazwischen-Sein, seinen unrühmlichen Teil dazu bei, ebenjene Grenzen zu schaffen, die es zu überwinden vorgibt. Aus Nationen werden Territorialstaaten, Akteure positionieren sich im Gegeneinander des *Vis-à-vis*, und Wissenschaftler finden sich auf verschiedenen Seiten von Mauern wieder, die es vorher gar nicht gab.

Mein Vorschlag ist deshalb, wissenschaftliche Arbeit – ebenso wie nationale Geschichten und gesellschaftliche Prozesse – wieder nach dem Prinzip des *togethering*, also der gemeinsamen Praxis, und nicht nach dem des *othering*, also einer Distanzierung zu Dinstinktionszwecken, zu begreifen.[38] Das heißt nichts anderes, als »Interaktion« durch die Korrespondenz fachwissenschaftlicher *agencements* zu ersetzen, die sich miteinander durch die Zeit bewegen; es heißt, Wissen als ein Werden zu denken, das nicht quer und zwischen, sondern hindurch und entlang verläuft. In Wirklichkeit wurde Wissenschaft nie anders praktiziert als in der reißenden Mitte des Stroms. Ebenso wenig wie unsere Menschlichkeit ist Wissen per se mit einem bestimmten Territorium gegeben; wie erstere ist es etwas, woran wir kontinuierlich arbeiten müssen. Das angebliche »Problem« der Interdisziplinarität taucht im täglichen Geschäft der wissenschaftlichen Arbeit deshalb gar nicht auf. Es entsteht überhaupt erst durch die Territorialisierung des Wissens: in dem Versuch, das, was man für die »Ergebnisse« oder Zwecke der Wissenschaft hält, als Unterabteilungen eines Gesamtsystems zu organisieren. Für die Organisatoren eines solchen Systems besteht der Wert der Interdisziplinarität gerade darin, dass es ein holistisches Denken, ein als Totalität vernetzten Wissens vorgestelltes Denken ermöglichen soll.

Dieses Bestreben aber kann der Wissenschaft auf dreierlei Weise hinderlich sein. Wenn Interdisziplinarität zum Selbstzweck wird, stellt man, erstens, die ergebnisoffene Verfolgung von Forschungslinien hinter die Ausbildung geschlossener Fachidentitäten und die Kommunikation zwischen ihnen zurück. Dabei weicht das im *commoning* praktizierte Anspannen der Aufmerksamkeit einer Affirmation dessen, was die Praktizierenden – qua Übermittlung fachwissenschaftlicher Inhalte – von Anfang an gemein (*in common*) haben. In einer segmentär konzipierten Architektur des Wissens kann, zweitens, der Weg von einer Disziplin

38 Ich entlehne das »Prinzip des Miteinanders« (*principle of togetherness*) dem Werk des großen schwedischen Geographen Torsten Hägerstrand. Torsten Hägerstrand, »Geography and the study of the interaction between nature and society«, in: *Geoforum* 7 (1976), S. 329–334, hier: S. 332.

zur anderen nur auf dem Umweg über die größeren Blöcke ausgehandelt werden, in die die Einzelwissenschaften eingelassen sind. Statt einer Vielzahl verflochtener Bahnen zu folgen, bleibt die Kommunikation auf einige wenige Hauptverbindungslinien zwischen diesen Blöcken – den »Naturwissenschaften«, den »Sozialwissenschaften«, den »Künsten« und den »Geisteswissenschaften« etc. – beschränkt. Die Disziplin als Abteilung einer architektonischen Struktur zu verstehen heißt, drittens, sie von dem, was sie in Wirklichkeit ist oder sein sollte – nämlich ein Gespräch zwischen Reisegefährten, die miteinander konvergierende Linien des Interesses verfolgen –, auf ein spezielles, reglementiertes Korpus von Daten, Methode und Theorie zu reduzieren. Insofern das Projekt der Interdisziplinarität also eher transversal als longitudinal angelegt ist, sich eher zwischen als hindurch bewegt, errichtet es mehr Schranken, als es beseitigt.

Aus diesem Grund plädiere ich paradoxerweise für ein *anti*disziplinäres Verständnis der wissenschaftlichen Disziplinen.[39] Antidisziplinär ist es, weil es die Territorialisierung des Wissens – seine Aufteilung in fest umgrenzte Segmente oder Territorien – eher aufzuheben als zu verstärken sucht. Mit meinem Aufruf zu einer antidisziplinären Interdisziplinariät möchte ich die Offenheit des immanenten Wissens gegen jede ausschließende Totalisierung oder Abschottung stark machen. Dieser Gedanke ist, ich sagte es bereits, nicht neu: Wissenschaftler haben im Grunde immer schon so gearbeitet. Mit den Vertretern anderer Disziplinen zu sprechen war insofern eine selbstverständliche Voraussetzung guter Forschungspraxis. Warum sind die Forderungen nach Interdisziplinarität dann in letzter Zeit so laut geworden? Sie kommen eigentlich gar nicht von Wissenschaftlern, sondern in der Regel von den Wissenschaftsmanagern und Geldgebern. Nur in deren Vorstellung hat

39 Ingold, *Making Anthropology, Archaeology, Art and Architecture*, S. 12.

das Schubladendenken der wissenschaftlichen Disziplinen überlebt. Sie sind es, die sich die Einzelwissenschaften immer noch als Vorratsspeicher vorstellen. Sie möchten eine an Verwaltungsstrukturen und Ressourcenmanagement geknüpfte Interdisziplinarität organisieren. Was ihnen vorschwebt, ist keine ergebnisoffene Forschung, sondern eine Formalisierung, Abschottung und Bürokratisierung des Wissens. Vielleicht ist Interdisziplinarität auch nur ein Vorwand für mehr Verwaltung und Kontrolle. Dann sollten wir sie in die Schranken weisen; allerdings nicht, indem wir anderen Wissenschaften die Tür vor der Nase zuschlagen, sondern indem wir uns dem Gedanken verweigern, dass die Wissenschaften gegeneinander abgeschlossen seien oder es jemals gewesen wären. Das ist nämlich nicht der Fall. Die Wissenschaften interagieren nicht, sie korrespondieren; und um auf diese Weise zu korrespondieren, müssen die Praktizierenden der jeweiligen Fachdisziplinen in die Mitte des Stroms gelangen. Dabei ist die Anthropologie die Antidisziplin par excellence. Ihre Vitalität ist von den Wechselwirkungen des Lebens abhängig. Aus dem Strom des Lebens herausgerissen, gestrandet an seinen Gestaden, würde sie als Fach unweigerlich austrocknen.

Die Anthropologie und die Universität der Zukunft

Die Heimat der Anthropologie war seit jeher die Universität. Grund dafür ist nicht allein, dass die meisten professionellen Anthropologen hier in Lohn und Brot stehen. Anthropologie und Universität sind viel grundsätzlicher miteinander verbunden, was an ihrer historischen Verpflichtung auf Universalität liegt: auf die Universalität des Menschen und auf die des Wissens. Spätestens seit dem 18. Jahrhundert, als das große intellektuelle Projekt der Aufklärung seinen Anfang nahm, basiert die Institution der Universität auf einer bestimmten Idee von der Einzigartigkeit der Menschheit. Wir Menschen können, so befand die Aufklärung, die Welt und uns selbst auf eine Weise erkennen, wie es keinem anderen Tier gegeben ist. Da sich die anderen Tiere nicht von den Bedingungen ihres in der Welt Existierens zu lösen vermögen, können sie die Dinge auch niemals als das erkennen, was sie sind. Nur Menschen haben die Fähigkeit, diese Bedingungen zu transzendieren: Sie können aus der Natur ausbrechen, sie objektiv von außen betrachten, wie auch sich selbst im Spiegel der Natur. Andere, die sogenannten »Wilden«, die von Europäern auf ihren Reisen um die ganze Welt »entdeckt« wurden, schienen noch ganz der Unwissenheit über ihre realen Lebensbedingungen verfallen, in Brauchtum und Aberglauben gefangen zu sein und eine Art von Leben zu führen, das kaum besser – und manches Mal schlimmer – war als das der Tiere. Doch anders als die Tiere waren auch sie mit einem Verstand gesegnet, der dem aller anderen Menschen prinzipiell in nichts nachstand, weshalb man sie – wiederum anders als die Tiere – erziehen konnte. Aus dem Zustand der Wildheit konnte man sie auf die Höhe der Zivilisation bringen. Diese pädagogische Aufgabe oblag insbesondere der Universität. Für die Denker der Aufklärung bildete die Universität den Gipfel der Zivilisation, die Avantgarde, die den Rest der Menschheit im Schlepptau mit sich ziehen würde; die allen Nationen das Licht aufgeklärten Lernens bringen und ihre Bürger von Unwissenheit, Armut und Knechtschaft befreien würde.

Es waren hehre Ideale. Sie mögen paternalistisch und ethnozentrisch gewesen sein, doch allemal ehrenwert, getragen von einer Verpflichtung auf das Gemeinwohl. Universitäten waren fortschrittliche Institutionen, und ihre legitimen Ziele beruhten auf dem Glauben an ein gemeinsames menschliches Potential. Insofern sich die Anthropologie denselben Idealen verpflichtet fühlte, war auch sie ein fortschrittliches Fach. Unbestreitbar ist aber auch, dass die Universitäten – und mit ihnen die Anthropologie – dafür verantwortlich waren, den Zustand der Unzivilisiertheit zu erfinden und durchzusetzen; ja man kann sogar sagen, sie waren die Komplizen ebenjenes Systems kolonialer Unterdrückung, dem sie, wenngleich nur für eine privilegierte Minderheit, Abhilfe schaffen wollten. Die Anthropologie des 20. Jahrhunderts war größtenteils in den Widerspruch verstrickt, dass sie zwar alle Nationen oder Kulturen in die »Familie der Menschheit« aufnehmen wollte, zugleich aber einem Kolonialsystem, das einige zum Nutzen anderer unterjochte, weiterhin als Steigbügelhalter diente. Durch ihre Tradition der langfristigen Feldforschung waren Anthropologen diesen Widersprüchen in weit höherem Maße ausgesetzt als Vertreter anderer Wissenschaften. Die Erfahrungen, die sie im Zusammenleben mit subalternen Völker machten, haben sie zu den lautstärksten Kritikern einer kolonialistischen »westlichen« Moderne werden lassen. Eine Zeitlang war diese Kritik geradezu identitätsstiftend für das Fach. Sie brachte die Anthropologie in Konflikt mit dem akademischen Establishment, das keinesfalls davon ablassen wollte, seinen Anspruch auf geistige Überlegenheit theoretisch zu untermauern und praktisch zu reproduzieren. Tatsächlich hat kein anderes Fach in den vergangenen Jahrzehnten so viel dazu beigetragen, die Machtbeziehungen zu entlarven, die hinter den traditionellen Hierarchien des Wissens stehen, und den Anspruch auf universelle Vernunft und empirische Objektivität in Frage zu stellen, auf denen sie beruhen. Ihre engagierte Kritik an der Legitimität dieser Hierarchien und ihr eindrückliches Plädoyer für die Kraft und Integrität von Wissensformen, die in den diversen Praktiken des Alltagslebens eingelassen sind, hat die Anthropologie vielleicht zur universitätskritischsten aller akademischen Disziplinen gemacht. So wie sie an den Grundfesten der Moderne rüttelt, scheint sie gerade jenen Elfenbeinturm zu Fall bringen zu wollen, in dem sie sich doch selbst so behaglich eingerichtet hatte.

Im Hinblick auf die Universität befinden wir uns heute an einem historischen Scheideweg. Nach fast drei Jahrhunderten steht das aus der Aufklärung stammende Modell der universitären Wissensproduktion am Rande des Zusammenbruchs, so es denn – genau wie die hegemonialen Mächte, die es einst aufrechterhielten – nicht längst zusammengebrochen ist. Was wir nun erleben, ist für Krisenmomente etwas sehr Typisches: Anstatt dass alternativen Seins- und Wissensformen, unterdrückten oder zum Schweigen gebrachten Stimmen neuer Raum gegeben würde, haben derzeit die geschlossenen und selbstgerechten – religiösen, politischen oder ökonomischen – Fundamentalismen Hochkonjunktur. In ihrer Gesamtheit stellen diese Bewegungen eine nie dagewesene Gefahr für die Zukunft der Demokratie und für unser friedliches Zusammenleben dar. An den Universitäten setzt man sich viel zu wenig mit dieser Bedrohung auseinander. Der Zusammenbruch ihrer paternalistischen Zivilisationsmission hat vielmehr ein Vakuum hinterlassen, das nur zu bereitwillig von ökonomischen Interessen ausgefüllt wird.[40] Wie viele andere öffentliche Körperschaften sind die Universitäten leichte Beute für Profitmaximierung und Geldmacherei. Nichts deutet darauf hin, dass die Verwaltungssysteme, die sich angemaßt haben zu kontrollieren, was sie den »Sektor« nennen – ihr Ausdruck für ein weltweit lukratives Geschäft –, in nennenswertem Umfang begreifen, worum es hier eigentlich geht. Ihr kurzsichtiger Blick auf die Hochschulbildung wird von äußerlichen Maßstäben der Rangordnung und Produktivität bestimmt. Die Lehre wird nach Studentenzufriedenheit und Arbeitsmarktkompatibilität, die Forschung nach Innovation und kommerzieller Verwertbarkeit beurteilt. Diese Kriterien haben nichts mit demokratischer Bildung zu tun, alles aber mit einer Reproduktion der Wissens-

40 Es wurde viel über die Kommerzialisierung des Hochschulwesens und seine Folgen geschrieben. Eine kritische Betrachtung jüngeren Datums aus anthropologischer Sicht findet sich in: Chris Shore/Susan Wright, »Audit culture revisited: rankings, ratings and the reassembling of society«, in: *Current Anthropology* 56, 3 (2015), S. 421–444.

ökonomie und einer unvermeidlich mit ihr einhergehenden Entmündigung und Ungleichheit. Ihren Bildungsauftrag, ein Erbe der Aufklärung, erfüllen die Universitäten heute nur noch dem Namen nach. Er erschöpft sich im Erfinden von Logos und nichtssagenden Leitlinien. Meine eigene Institution steht hier stellvertretend für viele andere: Ihr Markenzeichen ist neuerdings das der »Illumination« – ein Ein-Wort-Gedanke, mit dem man hofft, auf den Märkten dieser Welt zu reüssieren. Die Aufklärung steht offenbar zum Verkauf – und hier kann man sie erwerben!

Wenn die Universitäten den Weg in eine nachhaltige Zukunft weisen sollen, dann kommen sie nicht umhin, ihren Zweck neu zu definieren. Nicht nur muss die Bildung der Universität zurückgegeben werden, auch, und vielleicht wichtiger noch, muss die Universität wieder der Bildung zurückgegeben werden. Denn Bildung oder Erziehung ist keine Branche – keine Unterabteilung der Wissensökonomie –, sondern ein Prozess der Lebensführung. Weder können sich Universitäten weiterhin hinter eigennützigen Appellen an die akademische Immunität verstecken, die außerhalb ihrer Mauern kein Gehör mehr finden, noch können sie sich einfach den antidemokratischen Kräften ausliefern, die sie am liebsten zerstört oder übernommen sähen. In unserer heutigen Welt brauchen wir die Universitäten mehr denn je. Wir brauchen sie, um Menschen aller Nationen und aller Altersgruppen, ungeachtet ihrer zahlreichen Unterschiede, zusammenzubringen, und wir brauchen sie als Orte, an denen diese Unterschiede im versöhnlichen Geist der Toleranz, Gerechtigkeit und Kameradschaft zur Sprache kommen und zur Diskussion gestellt werden können. Außer der Universität ist gegenwärtig keine Institution in Sicht, die imstande wäre, dieses wichtigste aller Ziele zu verfolgen.

Und keiner Wissenschaft ist dieses Ziel so konstitutiv eingeschrieben wie der Anthropologie. Ihre Kerntugenden Großzügigkeit, Ergebnisoffenheit, Vergleich und Kritik sind es, die in Zukunft den pädagogischen Zweck der Universität definieren werden. Ein weiteres Mal ist das Schicksal der Anthropologie aufs Engste mit dem der Universität verknüpft, ganz wie zur Blütezeit der Aufklärung. Wie ich in diesem Kapitel argumentiert habe, muss die Anthropologie einen Schritt über die Ethnologie hinausgehen, wenn sie ihr emanzipatorisches Potential verwirklichen will. Sie muss vom *othering* zum *togethering* finden, um uns die Menschen, mit denen wir forschen und lernen, gegenwärtig zu machen, damit wir von ihnen lernen, mit ihnen diskutieren oder auch streiten können – gerade so, wie auch sie von uns lernen, mit uns diskutieren und streiten können. Auf diese Weise gestaltet man eine nachhaltige Welt, in der Platz für alle ist. So wird gewiss die Universität der Zukunft aussehen. Die Zukunft der Anthropologie ist, kurz gesagt, nichts anderes als die Zukunft der Universität. Es wird eine auf die Prinzipien der *Freiheit* und *Universalität* gegründete Zukunft sein. Abschließend möchte ich noch ein paar Worte zu beiden sagen.

Die Multiversität, eine Welt

Für die Schul- und Universitätsbildung, ebenso natürlich wie für die Demokratie selbst, ist die Freiheitsfrage von hoher Bedeutung. Doch es ist eine hohle Freiheit, die sich nur garantieren lässt, indem man die Welt, in der sie gebraucht wird, der Herrschaft mechanischer Notwendigkeit unterwirft. Diese Schlussfolgerung ist unausweichlich, solange man die Freiheit, wie im Mehrheitsdiskurs üblich, durch ihren Gegensatz zur Vorherbestimmtheit definiert. Dieser Gegensatz ist es, der kultivierte Menschen, die etwa »Ausdrucksfreiheit« für Kunst und Literatur fordern, dazu bringt sich vorzustellen, das Verhalten anderer Menschen sei kulturell determiniert; Wissenschaftler dazu anzunehmen, eingeborene Völker seien in ihren Traditionen gefangen; und Pädagogen, davon auszugehen, Kinder seien immer noch ihren angeborenen Anlagen ausgeliefert. In jedem Fall kann die Freiheit einiger immer nur auf der Folie des Gefangenseins anderer gedacht werden. Die so gedachte Freiheit ist die Freiheit des Willens. In ihrer modernen Gestalt hat sie die Form eines Rechts (oder Anspruchs) angenommen, das von Individuen – individuell oder kollektiv – in Verteidigung ihrer Interessen ausgeübt wird. Mit Blick auf die Universität führt das dazu, dass man ihren Lehrkörper als Interessengruppe oder wissenschaftliche Elite wahrnimmt, die ihre exklusiven Rechte und Privilegien eifersüchtig verteidigt – Rechte und Privilegien, die sich auf die Behauptung intellektueller Überlegenheit gründen und einfachen, ausschließlich als Lernempfänger vorgesehenen, Leuten verwehrt werden. Man braucht sich also nicht zu wundern, dass derartige Appelle an die akademische Freiheit wenig Eindruck auf eine Öffentlichkeit machen, die jede Form von Elitismus ablehnt und allen Behauptungen überlegener Intelligenz oder größeren Fachwissens gegenüber äußerst misstrauisch ist.

So wie sich die moderne Universität den Freiheitsbegriff angeeignet hat, ist er heute widerlegt. In Kapitel 3 haben wir gesehen, dass die wahre Bedeutung des Begriffs nicht in dem liegt, was man *hat*, sondern in dem, was man *ist*. Wirkliche Freiheit ist keine Eigenschaft, sondern eine Existenzform bzw. eine Seinsweise, die sich nicht von den eigenen Absichten und Zielen fesseln lässt, sondern anderen und der Welt gegenüber grundsätzlich offen bleibt. Eine solche Freiheit verspricht keine Unverletzlichkeit. Sie bietet keinen Schutz, keinen sicheren Rückzug. Stattdessen liefert oder setzt sie sich aus. An der Universität beruht wahre Freiheit auf der Bereitschaft, die Annehmlichkeiten einer gesicherten Stellung aufzugeben und den Vorstoß auf unbekanntes Terrain zu wagen, wo Ausgänge ungewiss und Ziele noch nicht gesteckt sind.[41] Dies ist die

41 RoU, *Reclaiming our University: The Manifesto*, §8.

Freiheit der *undercommons*. Wahre akademische Freiheit gründet ihre Legitimität also nicht auf die Prämisse eines ursprünglichen Intelligenzgefälles, sondern geht grundsätzlich davon aus, dass alle Menschen geistig ebenbürtig und gleich frei sind. Die Freiheit, in deren Genuss Wissenschaftler kommen, kann sich also nicht prinzipiell von der Freiheit aller anderen Menschen unterscheiden. Sie ist eine Steigerung dieser Freiheit – nur darin besteht der Unterschied. Akademische Freiheit ist in diesem Sinne *beispielhaft*. Genau wie die Staatsbürgerschaft oder die Menschlichkeit ist sie nicht von Anfang an gegeben; eher fällt sie uns als Aufgabe zu, als Dienst, den wir anderen schuldig sind. Und wie jede Aufgabe, muss sie erfüllt werden. An der Universität wird die Freiheit durch die Tätigkeiten des Lehrens, Forschens und wissenschaftlichen Arbeitens erfüllt und in den Beziehungen des Wissenschaftlers zu seinen Kollegen, seinen Studenten und der Gesellschaft als Ganzer vorgelebt. Sie ist immer ein *work in progress*: Wir dürfen nie aufgeben, aber auch nie davon ausgehen, dass sie bereits verwirklicht sei.[42] Wie es Dewey in seinem 1926 publizierten Aufsatz über »Individualität und Erfahrung« formuliert hat, »ist Freiheit [...] kein ursprünglicher Besitz und kein Geschenk. Sie ist etwas, das erzielt, das ausgearbeitet werden muss«.[43] Dies ist die Freiheit der Gewohnheit, nicht die des Willens.

Und was wird vor dem Hintergrund eines solchen Freiheitsbegriffs schließlich aus der Universalität? Das Projekt der Aufklärung beruhte, wie wir gesehen haben, auf der Annahme, dass sich die Menschen im angeborenen Besitz ihrer grundlegenden geistigen Fähigkeiten gleichen. Diese Annahme verdichtete sich Mitte des 19. Jahrhunderts zur Lehre von der »seelischen Einheit der Menschheit«, als de-

42 RoU, *Reclaiming our University: The Manifesto*, §9.

43 John Dewey, *John Dewey on Education: Selected Writings*, Chicago (IL) 1964, S. 156.

ren Urheber der deutsche Ethnologe und Universalgelehrte Adolf Bastian gilt, und wurde zu einem Grundprinzip der sich gerade formierenden Wissenschaft der Anthropologie. Axiomatisch unterscheiden sich die Menschen auf der ganzen Welt nach ihren Sitten und Gebräuchen bzw. nach dem, was man später »Kultur« nannte, doch nur kraft einer allen gemeinsamen »Kulturfähigkeit«. Bildung oder Erziehung im starken Sinne wird als der Prozess verstanden, der diese Fähigkeit mit Inhalt füllt. Im vorliegenden Buch habe ich mich bemüht, diesen starken Begriff von Bildung und Erziehung zu widerlegen und im Zusammenhang damit auch die Idee einer universellen menschlichen Essenz, die unsere Spezies angeblich den Bestimmungen der Natur enthebt und über den Rest der Schöpfung stellt. Müssen wir folglich auf Universalität verzichten? Keineswegs! Wir dürfen sie aber nicht länger darüber definieren, dass wir allen Individuen a priori ein gemeinsames Wesen zuschreiben. Zweifellos bewohnen wir alle ein Universum – doch ist es ein Universum des Werdens, nicht des Seins, nicht ein Universum der zugrunde liegenden Ähnlichkeit, sondern eines der unendlichen und unaufhörlichen Differenzierung. Jeder von uns mag verschieden sein, doch die Unterschiede zwischen uns gehen in diesem Universum des Werdens aus den generativen Lebensprozessen hervor; sie stehen in keinem Gegensatz zu ihm. Statt Universalität und Differenz auf die entgegengesetzten Seiten einer Aufspaltung zwischen natürlich und kulturell, zwischen angeboren und erworben zu verteilen, müssen wir sie wieder zusammendenken. Im Sinne des Philosophen Alain Badiou heißt das, zu akzeptieren, dass »unsere gemeinsame Welt genau der Ort ist, an dem eine unendliche Reihe von Differenzen existiert [...]. Und natürlich stellen diese Differenzen in keiner Weise die Einheit der Welt in Frage, sie sind ihr Existenzprinzip«.[44]

44 Alain Badiou, »The communist hypothesis«, in: *New Left Review* 49 (2008), S. 29–42.

Wie sollten wir sie nennen, diese eine, uns allen gemeinsame Welt? Im Jahr 1908, ein Jahrhundert vor Badiou, hielt William James – der pragmatistische Philosoph und Vorläufer John Deweys – unter dem Titel *A Pluralistic Universe* an der Universität von Oxford seine Hibbert Lectures.[45] Im Gegensatz zum monistischen Universum besitzt das pluralistische Universum oder, wie es James abgekürzt nannte: das »Multiversum« keine Grenzen der Inklusion oder Exklusion. Ungeachtet des Teils oder Elements, auf das wir uns gerade zu konzentrieren beschlossen haben, gibt es auf jeder beliebigen Ebene der Ausschließlichkeit oder Einschließlichkeit stets einen Beziehungsüberschuss. Die Sätze in der Welt des William James sind nie abgeschlossen: »[E]s gibt keines [kein Ding], das alle umschlösse oder alle anderen vollkommen beherrschte. Das Wort ›und‹ schleppt hinter jeden Satz her. Etwas bleibt immer draußen.«[46] Das Multiversum definiert sich, kurz gesagt, nicht darüber, was seine Teilnehmer gemein (*in common*) haben, sondern durch ihr *commoning*. Im Prozess der Erziehung – der Lebensführung – wird dieses *commoning* fortgesetzt. Lassen wir die kommende Universität deshalb einen Ort des *commoning* sein; lassen wir sie eine Multiversität sein! Und lassen wir die Anthropologie als das lebendige Herzstück der Universität in ihrem Gestaltungsraum multiversell sein! Doch vergessen wir dabei nie, dass das Multiversum trotz allem eine einzige Welt, dass es *singulär* plural ist,[47] von seinen Unterschieden eher zusammengehalten als gespalten. Diese singuläre Welt, die sich inmitten ihrer Differenzierung öffnet, in all ihrem Reichtum, in all ihrer Tiefe, ist der Ort, an dem wir lernen. *Die eine, singuläre Welt ist unsere Universität.*

45 William James, *Das pluralistische Universum. Vorlesungen über die gegenwärtige Lage der Philosophie* [1909], Darmstadt 2005 [1914].

46 Ebd., S. 208.

47 Jean-Luc Nancy, *Singulär plural sein*, Berlin 2004.

Coda

So, nun ist es geschafft. Nachdem ich meine Argumentation in Gänze vorgetragen habe, stelle ich mir die bange Frage: Habe ich das, was ich predige, eigentlich selbst praktiziert? Ich habe mich nicht gescheut, Position zu beziehen, unmissverständlich zu sagen, *wofür* (Aufmerksamkeit) und *wogegen* (Übermittlung) ich bin. Ich habe mich nach Kräften bemüht, sinnvolle Sätze zu schreiben, die alle mit einem Großbuchstaben beginnen und mit einem Punkt enden. Ich habe sicherzustellen versucht, dass diese Sätze, ebenso wie die Urteile, die in ihnen zum Ausdruck kommen, miteinander vereinbar und gut verbunden sind. Und nachdem ich sie gut miteinander verbunden habe, erkläre ich meine Aufgabe für beendet. Was aber war denn mein Argument? Dass wir uns aus der Deckung wagen, die Waffen des intellektuellen Gefechts beiseitelegen und einander im Geiste der Empfänglichkeit und Fürsorge antworten sollten, wenn wir uns die Welt wieder gegenwärtig machen und den Fortbestand des Lebens gewährleisten wollen. Ich habe mich dafür ausgesprochen, das Denken aus dem Gefängnis der Sätze zu befreien, den Dingen zuzugestehen, dass sie sich zerfasern, und lose Enden begeistert zu akzeptieren – denn nur, wenn die nach uns kommenden Generationen lose Enden zum Wiederaufgreifen finden, können sie ihrerseits neu beginnen. Ein Buch, das diesen Erwartungen gerecht würde, wäre wie eine Landschaft. Wenn man in einer Landschaft umherwandert, kann man sich – aus praktischen oder zeitlichen Erwägungen – entscheiden, an diesem Punkt zu starten und an jenem anzukommen. Unbeeindruckt davon aber setzt sich die Landschaft endlos fort. Manche Bücher sind genauso. Sie beginnen irgendwo, gehen über ein paar Hundert Seiten und brechen dann unvermittelt ab; dabei hinterlassen sie ihren Lesern zahlreiche lose Enden, die diese ganz nach Belieben weiterverfolgen können. Solche Bücher sind nicht dafür gemacht, von Anfang bis Ende durchgelesen zu werden. Genau wie beim Durchwandern einer Landschaft muss man einfach irgendwo in den Text einsteigen, ihm eine Weile folgen, und mit Sicherheit wird man dann Dinge darin entdecken, die man zuvor noch nicht bemerkt hatte.

Das Buch, das ich geschrieben habe, ist nicht von dieser Art. Ich hatte mir nicht vorgenommen, eine Landschaft zu erfinden. Ich hoffe, Sie haben es von Anfang bis Ende gelesen; für ein Buch ist es schließlich gar nicht so lang! Doch ich hoffe auch, dass sich Ihnen die Landschaft bei Ihrer nächsten – realen oder textlichen – Wanderung auf eine Art und Weise erschließt, die vielleicht Anlass zu Neugier und Fürsorge gibt. Ich hoffe, mit anderen Worten, dass Ihnen das Buch einige der wissenschaftlichen Türen öffnet, die die Mehrheitsdiskurse der Lebensführung oder der Erziehung so fest verschlossen haben. Um eine Tür öffnen zu können, brauchen Sie natürlich einen Schlüssel, und dieser Schlüssel muss sowohl präzise gearbeitet sein als auch ein vollständiges Muster an Kerben und Rillen aufweisen. Kerben und Rillen müssen außerdem so gefräst sein, dass sie bei jeder Drehung wie eine Negativform genau in die entsprechenden Kanten und Zacken des Schlosses greifen. In diesem Buch habe ich versucht, einen solchen Schlüssel zu fertigen. Deshalb hat er unweigerlich etwas von der Eigenart des Schlosses, das er aufschließt. So lautet mindestens meine Entschuldigung. Ob Sie meine Entschuldigung plausibel finden oder doch eher für eine Ausrede halten, können nur Sie – als Leserin und Leser – entscheiden. Ich möchte mit einer Beobachtung schließen. Am 15. Januar 2017 schrieb ich kurz und knapp in mein Notizbuch: »Heute das letzte Kapitel beendet!« Es war dasselbe kleine Notizbuch, in dem viele der Sätze, die nun in diesem Buch stehen, vorformuliert wurden, und – zusammen mit Stift und Brille – ist es ein wesentlicher Bestandteil meines Autoren-Toolkits. Die meisten mit Bleistift in dem Büchlein notierten Sätze sind unvollständig, ihnen fehlt noch der Feinschliff. Und es hat sich herausgestellt, dass die kleine Notiz vom 15. Januar noch nicht das letzte Wort gewesen war. Schon einige Tage später, als der Augenblick der Inschrift allmählich in der Ferne verblasste, wurde sie von weiterem Gekritzel verdrängt. Dieses Gekritzel wird nun auf ein anderes Werk warten müssen. Doch es bestärkt mich in der Zuversicht, dass es ein Leben jenseits des Buches gibt – jenseits meines Schreibens und Ihres Lesens. Ich kann mit meinem Schreiben, Sie können mit Ihrem Lesen an ein Ende kommen, doch das Leben geht weiter. Und zum Glück auch die Erziehung.

Literaturverzeichnis

Agrawal, Arun, »Dismantling the divide between indigenous and scientific knowledge«, in: *Development and Change* 26 (1995), S. 413–439. https://doi.org/10.1111/j.1467-7660.1995.tb00560.x.

Alpers, Svetlana, *The Art of Describing: Dutch Art in the Seventeenth Century*, London 1983.

Arendt, Hannah, *Vita activa oder Vom tätigen Leben*, München 1967 [1958].

Badiou, Alain, »The communist hypothesis«, in: *New Left Review* 49 (2008), S. 29–42.

Bamford, Sandra/Leach, James (Hrsg.), *Kinship and Beyond: The Genealogical Model Reconsidered*, Oxford 2009.

Barad, Karen, *Agentieller Realismus*, übers. von Jürgen Schröder, Berlin 2012.

Baron-Cohen, Simon/Lombardo, Michael/Tager-Flusberg, Helen (Hrsg.), *Understanding Other Minds: Perspectives from Developmental Social Neuroscience*, Oxford 1993. https://doi.org/10.1093/acprof:oso/9780199692972.001.0001.

Benfey, O. Theodore, »August Kekulé and the birth of the structural theory of organic chemistry in 1858«, in: *Journal of Chemical Education* 35 (1958), S. 21–23. https://doi.org/10.1021/ed035p21.

Biesta, Gert J. J., *Beyond Learning: Democratic Education for a Human Future*, Boulder (CO) 2006.

—, *The Beautiful Risk of Education*, Boulder (CO) 2013.

Blackmore, Susan, *The Meme Machine*, Oxford 2000.

Bloch, Maurice, *Essays on Cultural Transmission*, Oxford 2005.

Boesch, Christophe, »Teaching among wild chimpanzees«, in: *Animal Behavior* 41 (1991), S. 530–532. https://doi.org/10.1016/s0003-3472(05)80857-7.

—, »Is culture a golden barrier between human and chimpanzee?«, in: *Evolutionary Anthropology* 12 (2003), S. 82–91. https://doi.org/10.1002/evan.10106.

Boesch, Christophe/Tomasello, Michael, »Chimpanzee and human cultures«, in: *Current Anthropology* 39, 5 (1998), S. 591–614. https://doi.org/10.1086/204785.

Bourdieu, Pierre, *Entwurf einer Theorie der Praxis auf der ethnologischen Grundlage der kabylischen Gesellschaft*, übers. von Cordula Pialoux und Bernd Schwibs, Frankfurt a. M. 1976 [1972].

Burridge, K. O. L., »Other people's religions are absurd«, in: W. E. A. van Beek/J. H. Scherer (Hrsg.), *Explorations in the Anthropology of Religion: Essays in Honour of Jan van Baal*, Den Haag 1975, S. 8–24.

Cage, John, *Silence: Letters and Writings*, 50th Anniversary Edition, Middletown (CT) 2011.

Carlisle, Clare, *On Habit*, Abingdon 2014.

Caro, Tim M./Hauser, Marc D., »Is there teaching in nonhuman animals?«, in: *The Quarterly Review of Biology* 67, 2 (1992), S. 151–174.

Cruikshank, Julie, *The Social Life of Stories: Narrative and Knowledge in the Yukon Territory*, Lincoln 1998.

Dawkins, Richard, *Das egoistische Gen*, übers. von Karin de Sousa Ferreira, Berlin/Heidelberg 1978 [1976].

Deleuze, Gilles/Guattari, Félix, *Kapitalismus und Schizophrenie. Tausend Plateaus*, übers. von Gabriele Ricke und Ronald Vouillé, hrsg. von Günther Rösch, Berlin 1992 [1980].

—, *Kafka, für eine kleine Literatur*, übers. von Burkhart Kroeber, Frankfurt a. M. 1976 [1975].

Descola, Philippe, »On anthropological knowledge«, in: *Social Anthropology* 13, 1 (2005), S. 65–73.

—, *Jenseits von Natur und Kultur*, übers. von Eva Moldenhauer, Nachw. von Michael Kauppert, Berlin 2011 [2005].

Desjarlais, Robert R., *Counterplay: An Anthropologist at the Chessboard*, Berkeley (CA) 2011.

Dewey, John, *John Dewey on Education: Selected Writings*, hrsg. von Reginald D. Archambault, Chicago (IL) 1964.

—, *Kunst als Erfahrung*, übers. von Christa Velten, Gerhard vom Hofe und Dieter Sulzer, Frankfurt a. M. 1980 [1934].

—, *Demokratie und Erziehung. Eine Einleitung in die philosophische Pädagogik*, übers. von Erich Hylla, hrsg. und Nachw. von Jürgen Oelkers, Weinheim/Basel 2000 [1916].

—, *Experience and Education*, New York 2015 [1938].

Durham, William H., *Coevolution: Genes, Culture and Human Diversity*, Stanford (CA) 1991.

Eder, Donna J., »Bringing Navajo storytelling practices into schools: the importance of maintaining cultural integrity«, in: *Anthropology & Education Quarterly* 38, 3 (2007), S. 278–296. https://doi.org/10.1525/aeq.2007.38.3.278.

Esposito, Roberto, *Terms of the Political: Community, Immunity, Biopolitics*, übers. von Rhiannon Noel Welch, New York 2012.

Fabian, Johannes, *Time and the Other: How Anthropology Makes its Object*, New York 1983.

Foster, Hal, »The artist as ethnographer?«, in: George E. Marcus/Fred R. Myers (Hrsg.), *The Traffic in Culture: Refiguring Art and Anthropology*, Berkeley (CA) 1995, S. 302–309.

Gärdenfors, Peter/Högberg, Anders, »The archaeology of teaching and the evolution of *Homo docens*«, in: *Current Anthropology* 58, 2 (2017), S. 188–208. https://doi.org/10.1086/691178.

Gell, Alfred, »How to read a map: remarks on the practical logic of navigation«, in: *Man* (N. S.) 20 (1985), S. 271–286. https://doi.org/10.2307/2802385.
Gell, Alfred, »Vogel's net: traps as artworks and artworks as traps«, in: *Journal of Material Culture* 1, 1 (1996), S. 15–38. https://doi.org/10.1177/135918359600100102.
Gibson, James J., *Wahrnehmung und Umwelt. Der ökologische Ansatz in der visuellen Wahrnehmung*, übers. und Vorw. von Gerhard Lücke und Ivo Kohler, München/Wien/Baltimore 1982 [1979].
Hägerstrand, Torsten, »Geography and the study of the interaction between nature and society«, in: *Geoforum* 7 (1976), S. 329–334. https://doi.org/10.1016/0016-7185(76)90063-4.
Harney, Stefano/Moten, Fred, *The Undercommons: Fugitive Planning and Black Study*, Wivenhoe/New York/Port Watson 2013.
—, *Die Undercommons. Flüchtige Planung und schwarzes Studium*, übers. von Birgit Mennel und Gerald Raunig, hrsg. von Isabell Lorey, Wien u. a. 2016.
Hatley, James D., »Taking phenomenology for a walk: the artworks of Hamish Fulton«, in: Matti Itkonen/Gary Backhaus (Hrsg.), *Lived Images: Mediations in Experience, Life-World and I-hood*, Jyväskylä 2003, S. 194–216.
Helfrich, Silke/Bollier, David/Heinrich-Böll-Stiftung (Hrsg.), *Die Welt der Commons. Muster gemeinsamen Handelns*, Bielefeld 2015.
Holdrege, Craig, »Doing Goethean science«, in: *Janus Head* 8 (2005), S. 27–52.
Home-Cook, George, *Theatre and Aural Attention: Stretching Ourselves*, Basingstoke 2015. https://doi.org/10.1515/jcde-2018-0030.
Ingold, Tim, *The Perception of the Environment: Essays on Livelihood, Dwelling and Skill*, London 2000.
—, »From the transmission of representations to the education of attention«, in: Harvey Whitehouse (Hrsg.), *The Debated Mind: Evolutionary Psychology versus Ethnography*, Oxford 2001, S. 113–153. https://doi.org/10.4324/9781003086963-7.
—, »Between evolution and history: biology, culture, and the myth of human origins«, in: *Proceedings of the British Academy* 112 (2002), S. 43–66.
—, »Time, memory and property«, in: Thomas Widlok/Wolde Gossa Tadesse (Hrsg.), *Property and Equality, Bd. 1: Ritualisation, Sharing, Egalitarianism*, Oxford 2005, S. 165–174.
—, *Being Alive: Essays on Movement, Knowledge and Description*, Abingdon 2011.
—, »Prospect«, in: Tim Ingold/Gisli Palsson (Hrsg.), *Biosocial Becomings: Integrating Social and Biological Anthropology*, Cambridge (UK) 2013a, S. 1–21. https://doi.org/10.1017/cbo9781139198394.002.
—, *Making Anthropology, Archaeology, Art and Architecture*, Abingdon 2013b.

—, »Dreaming of dragons: on the imagination of real life«, in: *Journal of the Royal Anthropological Institute* (N. S.) 19 (2013c), S. 734–752. https://doi.org/10.1111/1467-9655.12062.
—, »The creativity of undergoing«, in: *Pragmatics & Cognition* 22, 1 (2014a), S. 124–139.
—, »That's enough about ethnography!«, in: *HAU: Journal of Ethnographic Theory* 4, 1 (2014b), S. 383–395. https://doi.org/10.14318/hau4.1.021.
—, *The Life of Lines*, Abingdon 2015.
—, »A naturalist abroad in the museum of ontology: Philippe Descola's *Beyond Nature and Culture*«, in: *Anthropological Forum* 26, 1 (2016a), S. 301–320. https://doi.org/10.1080/00664677.2015.1136591.
—, *Evolution and Social Life*, Abingdon 2016b.
—, *Eine kurze Geschichte der Linien*, übers. von Quirin Rieder, Konstanz 2021 [2007].
Ingold, Tim/Kurttila, Terhi, »Perceiving the environment in Finnish Lapland«, in: *Body and Society* 6, 3–4 (2000), S. 183–196. https://doi.org/10.1177/1357034x00006003010.
Ingold, Tim/Winter, Judith, »Pursuing truth«, in: *Archis* 48 (2016), S. 43–48.
Jackson, Michael, *Paths Toward a Clearing: Radical Empiricism and Ethnographic Inquiry*, Bloomington (IN) 1989.
—, *Essays in Existential Anthropology*, Chicago (IL) 2013.
James, William, *Ein pluralistisches Universum. Vorlesungen über die gegenwärtige Lage der Philosophie* [1909], übers. von Julius Goldstein, mit einer neuen Einf. hrsg. von Klaus Schubert und Uwe Wilkesmann, Darmstadt 2005 [1914].
Kandinsky, Wassily, *Punkt und Linie zu Fläche. Beitrag zur Analyse der malerischen Elemente*, Einf. von Max Bill, Zürich 2016 [1926].
Lave, Jean, »The culture of acquisition and the practice of understanding«, in: James W. Stigler/Richard A. Schweder/Gilbert Herdt (Hrsg.), *Cultural Psychology: Essays on Comparative Human Development*, Cambridge (UK) 1990, S. 309–327. https://doi.org/10.1017/cbo9781139173728.010.
—, *Apprenticeship in Critical Ethnographic Practice*. Chicago (IL) 2011.
Lave, Jean/Wenger, Étienne, *Situated Learning: Legitimate Peripheral Participation*, Cambridge (UK) 1991. https://doi.org/10.1017/cbo9780511815355.
Lévi-Strauss, Claude, *Das Ende des Totemismus*, übers. von Hans Naumann, Frankfurt a. M. 1965 [1962].
Lewis, David, *We, the Navigators: The Ancient Art of Landfinding in the Pacific*, Canberra 1975.
Lewis, Tyson E., »Rethinking the learning society: Giorgio Agamben on studying, stupidity, and impotence«, in: *Studies in Philosophy and Education* 30 (2011), S. 585–599. https://doi.org/10.1007/s11217-011-9255-6.
Lingis, Alphonso, *The Community of Those Who Have Nothing in Common*, Bloomington (IN) 1994.
Lowie, Robert H., *Primitive Society*, London 1921.

—, *The History of Ethnological Theory*, London 1937.
Manning, Erin, *The Minor Gesture*, Durham (NC) 2016.
Marcus, George E., »From rapport under erasure to theaters of complicit reflexivity«, in: *Qualitative Inquiry* 7, 4 (2001), S. 519–528. https://doi.org/10.1177/107780040100700408.
Masschelein, Jan, »The idea of critical e-ducational research – e-ducating the gaze and inviting to go walking«, in: Ilan Gur-Ze'ev (Hrsg.), *The Possibility/Impossibility of a New Critical Language of Education*, Rotterdam 2010a, S. 275–291. https://doi.org/10.1163/9789460912726_014.
—, »E-ducating the gaze: the idea of a poor pedagogy«, in: *Ethics and Education* 5, 1 (2010b), S. 43–53.
—, »Experimentum scholae: the world once more ... but not (yet) finished«, in: *Studies in Philosophy and Education* 30 (2011), S. 529–535. https://doi.org/10.1007/s11217-011-9257-4.
Masschelein, Jan/Simons, Maarten, *In Defense of the School: A Public Issue*, übers. von Jack McMartin, Leuven 2013.
—, »The university in the ears of its students: on the power, architecture and technology of university lectures«, in: Norbert Ricken/Hans-Christoph Koller/Edwin Keiner (Hrsg.), *Die Idee der Universität – Revisited*, Wiesbaden 2014, S. 173–192. https://doi.org/10.1007/978-3-531-19157-7_9.
Mauss, Marcel, »Die Techniken des Körpers«, in: ders., *Soziologie und Anthropologie, Teil II: Gabentausch, Soziologie und Psychologie, Todesvorstellungen, Körpertechniken, Begriff der Person*, übers. von Eva Moldenhauer, Frankfurt a. M. 1979, S. 199–222.
Menzies, Heather, *Reclaiming the Commons for the Common Good*, Gabriola Island (BC) 2014.
Nadasdy, Paul, *Hunters and Bureaucrats: Power, Knowledge and Aboriginal-State Relations in the Southwest Yukon*, Vancouver 2003.
Nancy, Jean-Luc, *Singulär plural sein*, übers. von Ulrich Müller-Schöll, Berlin 2004.
Ortega y Gasset, José, *Geschichte als System und über das Römische Imperium*, übers. von Gerhard Lepiorz, New York 1961 [1941].
Oyama, Susan, *The Ontogeny of Information: Developmental Systems and Evolution*, Cambridge (UK) 1985.
Paul, Robert A., *Mixed Messages: Cultural and Genetic Inheritance in the Constitution of Human Society,* Chicago (IL) 2015.
Pennac, Daniel, *Schulkummer*, übers. von Eveline Passet, Köln 2009 [2007].
Plutarch, »Vom Hören«, in: ders., *Moralia*, Bd. 1, hrsg. von Christian Weise und Manuel Vogel, Wiesbaden 2012.
Polanyi, Michael, *Personal Knowledge: Towards a Post-Critical Philosophy*, London 1958.
—, *Implizites Wissen*, übers. von Horst Brühmann, Frankfurt a. M. 1985.
Premack, David/Premack, Ann James, »Why animals have neither culture

nor history«, in: Tim Ingold (Hrsg.), *Companion Encyclopedia of Anthropology: Humanity, Culture and Social Life*, London 1994, S. 350–365.

Radcliffe-Brown, Alfred R., *Structure and Function in Primitive Society*, London 1952.

Radcliffe-Brown, Alfred R., *A Natural Science of Society*, New York 1957.

Rancière, Jacques, *Der unwissende Lehrmeister. Fünf Lektionen über die intellektuelle Emanzipation*, übers. von Richard Steurer-Boulard, hrsg. von Peter Engelmann, Wien 2018 [1987].

Richerson, Peter J./Boyd, Robert, »A dual inheritance model of the human evolutionary process, I: basic postulates and a simple model«, in: *Journal of Social and Biological Structures* 1 (1978), S. 127–154. https://doi.org/10.1016/s0140-1750(78)80002-5.

—, *Not by Genes Alone: How Culture Transformed Human Evolution*, Chicago (IL) 2008.

Rivers, W. H. R., »The genealogical method of anthropological inquiry«, in: W. H. R. Rivers (Hrsg.), *Kinship and Social Organization*, London 1968. https://doi.org/10.4324/9781003135944-9.

Rogoff, Barbara, *Apprenticeship in Thinking: Cognitive Development in Social Context*, New York 1990.

—, *The Cultural Nature of Human Development*, New York 2003.

Rorty, Richard, *Der Spiegel der Natur. Eine Kritik der Philosophie*, übers. von Michael Gebauer, Frankfurt a. M. 1981 [1979].

RoU, *Reclaiming our University: The Manifesto*, 2016. https://reclaimingouruniversity.files. wordpress.com/2016/10/reclaiming-manifestofinal.pdf. Letzter Zugriff 17. Februar 2017.

Sansi, Roger, *Art, Anthropology and the Gift*, London 2015.

Schütz, Alfred, *Collected Papers I: The Problem of Social Reality*, hrsg. von Maurice Natanson, Den Haag 1962.

Serres, Michel, *Troubadour des Wissens*, übers. und Nachw. von Karl Werner Modler, Zürich 2015.

Shore, Chris/Wright, Susan, »Audit culture revisited: rankings, ratings and the reassembling of society«, in: *Current Anthropology* 56, 3 (2015), S. 421–444.

Sperber, Dan, *Explaining Culture: A Naturalistic Approach*, Oxford 1996.

Stout, Dietrich, »The social and cultural context of stone-knapping skill acquisition«, in: Valentine Roux/Blandine Bril (Hrsg.), *Stone Knapping: The Necessary Conditions for a Uniquely Hominin Behaviour*, Cambridge 2005, S. 331–340.

Turnbull, David, *Mapping the World in the Mind: An Investigation of the Unwritten Knowledge of the Micronesian Navigators*, Geelong 1991.

Tylor, Edward Burnett, *Primitive Culture* (2 Bde.), London 1871.

Vergunst, Jo Lee, »Taking a trip and taking care in everyday life«, in: Tim Ingold/Jo Lee Vergunst (Hrsg.), *Ways of Walking: Ethnography and Practice on Foot*, Aldershot 2008, S. 105–121.

Wygotski, Lew Semjonowitsch, *Mind in Society: The Development of Higher Psychological Processes*, Cambridge (MA) 1978.
Wagner, Roy, *The Invention of Culture*, Chicago (IL) 2016.
Weiss, Peg, *Kandinsky and Old Russia: The Artist as Ethnographer and Shaman*, New Haven (CT) 1995.
Wieman, Henry Nelson, *Intellectual Foundation of Faith*, London 1961.